MARCO POLO

Allgäu

Reisen mit Insider Tipps

Diesen Führer schrieb Werner Sonntag.
Die Überarbeitung besorgte Andrea Reidt.
Die freie Journalistin lebte 14 Jahre
im Allgäu und verbringt dort nach wie
vor viel Zeit.

marcopolo.de

Die aktuellsten Insider-Tipps finden Sie unter
www.marcopolo.de, siehe auch Seite 104

MAIRS GEOGRAPHISCHER VERLAG

SYMBOLE

Insider Tipp **MARCO POLO INSIDER-TIPPS:**
Von unseren Autoren für Sie entdeckt

★ **MARCO POLO HIGHLIGHTS:**
Alles, was Sie im Allgäu kennen sollten

HIER HABEN SIE EINE SCHÖNE AUSSICHT

WO SIE JUNGE LEUTE TREFFEN

PREISKATEGORIEN

Hotels		Restaurants	
€€€	über 130 Euro	€€€	über 25 Euro
€€	75–130 Euro	€€	15–25 Euro
€	bis 75 Euro	€	bis 15 Euro

Die Preise gelten für Übernachtung und Frühstück für 2 Personen im Doppelzimmer. Bei Kurhotels (mit eigener Bäderabteilung) ist eher mit höheren Preisen zu rechnen.

Die Preise gelten für ein Menü, ohne Getränke. Dies schließt im Einzelfall nicht aus, dass man in den gehobeneren Kategorien auch günstiger essen kann.

KARTEN

[110 A1] Seitenzahlen und Koordinaten für den Reiseatlas Allgäu

Regionalbahnen des Allgäu-Schwaben-Takts im hinteren Umschlag

Zu Ihrer Orientierung sind auch die Orte mit Koordinaten versehen, die nicht im Reiseatlas eingetragen sind.

GUT ZU WISSEN

Inhalt

Die wichtigsten MARCO POLO Highlights

Sehenswürdigkeiten, Orte und Erlebnisse, die Sie nicht verpassen sollten

1 **Kässpätzle essen**
Die regionale Leib- und Magenspeise muss man gekostet haben (Seite 20)

2 **Viehscheid**
Kranzkühe führen die Herden allerorts von den Alpweiden ins Tal (Seite 25)

3 **Wolfegger Konzerte**
Internationale Interpreten in ehrwürdigen Mauern (Seite 37)

4 **Automobilmuseum in Wolfegg**
Schöne alte Benzinkutschen, aufregend für die ganze Familie (Seite 38)

5 **Die Waldburg**
Lebensechtes Ritterambiente auf einem Moränenhügel (Seite 38)

6 **Breitachklamm**
Atemberaubende geologische Schulstunde in freier Natur (Seite 57)

7 **Aufs Fellhorn**
Auf dem Grat zur Schlappoldalpe und zum Schlappoldsee wandern (Seite 59)

Romantisches Schloss Neuschwanstein

Almabtrieb mit Viehscheid

8 Falkenstein
Deutschlands höchstgelegene Burgruine (Seite 74)

9 Königsschlösser
Einmal muss man sie besucht haben, König-Ludwig-Nostalgie inbegriffen (Seite 76)

10 Bauernhofmuseum Illerbeuren
Zwischen den alten Höfen in der Vergangenheit spazieren (Seite 80)

11 Basilika Ottobeuren
Eine der großartigsten deutschen Barockkirchen: unbedingt ein Orgelkonzert besuchen (Seite 85)

12 Deutsche Alpenstraße
Vor einem wunderbaren Panorama die Landschaft genießen (Seite 90)

13 Schwarzer Grat
Auf den Berg und durch den wilden Adelegg-Wald spazieren (Seite 91)

Breitachklamm

14 Hüttenwanderung
Die Krönung aller Allgäu-Wanderungen: fünf Tage unterwegs (Seite 92)

15 Eistobel
Durch zerklüftetes Naturschutzgebiet gehen und die Füße im kalten Bach baden (Seite 99)

★ *Die Highlights sind in der Karte auf dem hinteren Umschlag eingetragen*

Entdecken Sie das Allgäu!

Von sanft bis schroff – Natur pur und dazu Kühe, Kuren, Kunst, Kirchen, Kapellen und Klöster

Das Allgäu zählt zu den beliebtesten Ferienregionen in Deutschland. Das »hügelige Gebiet«, so die schlichte Bedeutung des Namens All-Gäu, erfüllt vielen Menschen den Traum von einer grünen, stillen und erfrischenden Oase in guter Luft. Vorweg sei großzügig und ganz ohne Übertreibung gesagt: Eine Reise ins Allgäu lohnt sich zu jeder Jahreszeit für Menschen aller Altersklassen, unterschiedlicher Interessen und Mentalität.

Das fängt schon mit dem Wetter an: Wen die Sehnsucht packt, der begibt sich statt nach Italien oder Skandinavien ins Allgäu – dort findet man beides, pralle Sommerlust und glasklare Winteridylle. Im hügeligen Westallgäu, im flacheren Nordosten, im bergigen Süden und nach Südwesten zum Bodenseebecken hin treffen gleich mehrere Klimazonen aufeinander. Richtung Lindau und Bodensee ist das Wetter häufig mediterran, die Winter sind mild, die Sommer nicht allzu heiß, und die ersten Frühlingsblüten lugen hier vier bis sechs Wochen früher hervor als im Allgäuer Binnenraum, wo es im Winter heftig schneit und im Sommer wochenlang flirrend heiß sein kann. Die Allgäuer Landschaft liegt in einem gesunden Reizklima – die Klimakarte zeigt großräumig dieselbe türkisblaue Einfärbung wie für Sylt.

Allgäu-Idylle pur: blaue Berge, grüne Wiesen und die barocke Kirche von Pfronten

Schwieriges Terrain

Wer an einem typischen Hochsommertag zum ersten Mal in diese Gegend gerät, wird seinen Sinnen nicht trauen: Es ist genau wie im kitschigsten Reisebilderbuch, so, wie man es heute eigentlich gar nicht mehr erwartet. Noch grüner sind die Wiesen, noch blauer ist der Himmel, sanft flüstert der Wind durch Gräser und Wälder. In der Ferne wachen die Berge mit ihren weißen, ordentlichen Hauben stolz und ein wenig furchterregend über

Geschichtstabelle

7000–3000 v. Chr. Spuren von Menschen der Mittleren Steinzeit

1200 v. Chr. Illyrer aus dem jetzigen Ungarn siedeln im heutigen Allgäu

500 v. Chr. Von Westen her wandern Kelten ein

18 v. Chr. Erste Erwähnung Kemp-tens durch den griechischen Geografen Strabon; Kempten gilt damit als die älteste Stadt in Deutschland

15 v. Chr. Drusus und Tiberius, Stiefsöhne des Kaisers Augustus, erobern die Alpen; erste Römerstraßen werden gebaut

259 Alemannen durchbrechen den römischen Limes und stoßen ins Allgäu vor

536–911 Die Alemannen werden von den Franken unterworfen und christianisiert; Schutzheiliger des Allgäus wird St. Magnus, genannt St. Mang

817 Das Allgäu wird in einer St. Gallener Urkunde erstmals erwähnt als Albegowe (althochdeutsch »Landschaft vor den Alpen«), jedoch auf ein kleines Gebiet um Sonthofen und Fischen bezogen

1079–1268 Zeit der Staufer, Herzöge von Schwaben; sie verleihen ihren Besitzungen Isny, Wangen, Kempten, Leutkirch, Memmingen und Kaufbeuren die Stadtrechte

1525 Bauernaufstand, hier des so genannten »Allgäuer Haufens«

1618–1648 Der Dreißigjährige Krieg verwüstet das Allgäu; vom Wüten der Pest zeugen heute Pestkapellen und -friedhöfe

1803 Säkularisation der Klöster

Um 1830 Vom Flachsanbau wird auf Weidewirtschaft umgestellt

1886 Sebastian Kneipp, Pfarrer in Bad Wörishofen, veröffentlicht »Meine Wasserkur«

1945–1947 Heimatvertriebene aus Böhmen und Schlesien vergrößern die Bevölkerung um etwa ein Drittel

1990 Das »Ökomodell Hindelang« wird als »Deutsches Umweltschutzprojekt« ausgezeichnet; das spätere Projekt »Hindelang – Natur & Kultur« verbindet Berglandwirtschaft, Natur- und Landschaftsschutz sowie intelligenten Tourismus miteinander

2000 Für das Musical »Ludwig II. – Sehnsucht nach dem Paradies« wird nahe dem historischen Schauplatz des Stoffes, im Forggensee, ein Musicaltheater eröffnet

das Voralpenland; Bäche gurgeln herab in die Täler, Weiher und Seen ruhen still, hin und wieder plätschert ein Fisch an die Oberfläche; Libellen kreisen, nebenan auf ihren Weiden blähen Pferde die Nüstern und schnauben behaglich, Krähen belagern Zaunpfosten; die Luft flimmert, wahrscheinlich ist gerade Föhn.

Im Allgäu ist alles Landschaft

Im Allgäu ist alles Landschaft, wilde, romantische, liebliche, anmutige, herbe, schroffe, auch gefährliche und natürlich nützliche Landschaft. Im Westallgäu dominieren sanfte Hügel und moorige Seen, am Horizont des Ostallgäus türmt sich eine grandiose Alpenkulisse auf. Im Oberallgäu prägen die Allgäuer Alpen und ihre Ausläufer das Panorama – immerhin sind 50 der 225 Gipfel des Allgäuer Hauptkammes höher als 2000 m. Das bedeutet allerdings auch, dass eine Bergtour kein Sonntagsspaziergang, sondern eine strapaziöse Herausforderung an den Erfolgswillen sein kann. Weshalb es keinesfalls ehrenrührig ist (bloß kein falscher Ehrgeiz im Urlaub!), mit dem Auto gemächlich auf den wunderbaren touristischen Straßen durchs Allgäu zu tuckern, das Fahrrad auf dem Dachgepäckträger, und gelegentlich bei Zwischenstopps eines der zahlreichen Wellness- und Kurangebote zu nutzen.

Nehmen Sie Ihr Vesper oder Ihr Abendessen in einem der unzähligen Gasthöfe – Adler, Ochsen, Kreuz, Löwen, Lamm oder wie sie alle heißen – ein, und lassen Sie sich von Deutschlands reinstem Käse, deftigen, biologisch hochwertigen Speisen oder feinsten Gourmetgerichten verführen.

Die Landschaft fordert Touristen heraus: wandern im Gottesackergebiet am Hohen Ifen

Das Allgäu ist ein gutes Beispiel für die erfreulichen Auswirkungen eines sanften Tourismuskonzepts: Dem Touristenstrom und der rechtzeitig erkannten Marktlücke für hochwertige Produkte verdankt die Region die hohe Qualität ihrer landwirtschaftlichen Erzeugnisse; es gibt hier zahlreiche Biohöfe, deren Existenz alles andere als gefährdet ist.

Nun wuchert das Allgäu nicht nur mit seinem wichtigsten Pfund, der üppigen Natur, deren Erzeugnissen und den Angeboten der vielen Luft- und sonstigen Kurorte. Das Allgäu ist gleichzeitig auch eine Kunst- und Kulturlandschaft ersten Ranges. Die Fülle an Baudenkmälern und Kunstschätzen ist schier unerschöpflich. Inmitten großer Bauernanwesen und teils an Tirol erinnernder Einfamilienhausarchitektur erheben sich mächtige Kirchen und großartige Klöster, alte Burgen, imposante und bis heute noch bewohnte Schlösser wie auch verfallene Ruinen und verbergen sich erstaunliche archäologische Funde.

Die wechselnden Siedler hinterließen mehr oder weniger tiefe Spuren. Die Erinnerung reicht immerhin bis zu den Kelten, die lange vor der christlichen Zeitrechnung einwanderten und im Jahr 15 n. Chr. von den Römern unterworfen wurden. Die Kelten hatten die Töpferscheibe und die Drehmühle mitgebracht, ihre kunsthandwerklichen Fähigkeiten beim Töpfern, Schmieden und bei der Textilherstellung waren meisterhaft, wie archäologische Ausgrabungen bewiesen haben. Der römische Kultureinfluss dagegen blieb gering, und die westgermanischen Alemannen – die Urschwaben sozusagen – bestellten vor allem das Land und prägten die in Teilen heute noch gebräuchliche niederalemannische Mundart.

Zeitsprung: Wie kamen eigentlich die monumentalen Barockbauten auf die Kuhweiden und mitten in winzige Dörfer? Das im Rückblick unglaublich mühevolle Kunstschaffen des Barock folgte den Verwüstungen, Hungersnöten, Seuchen, Landnahmen und Plünderungen des Dreißigjährigen Krieges, in denen die Hälfte der Bevölkerung ihr Leben lassen musste. Das war hundert Jahre nach den blutigen Bauernaufständen. Barock, das ist die gegenreformatorische Kraft des Schönen gegen das Schreckliche und die Sünden der Vergangenheit. Zahlreiche Museen der Region und natürlich die organisierten Führungen in den ehemals Freien Reichsstädten und anderen größeren Orten geben historisch interessierten Besuchern einen guten Überblick und viele Zeugnisse aus bewegten und bewegenden Zeiten, die man der ländlichen Idylle dieser Urlaubsregion auf den ersten Blick gar nicht ansieht.

»Barockbauten auf Kuhweiden und in winzigen Dörfern«

Und noch etwas ist für Laien schwer zu verstehen: Was ist eigentlich der Unterschied zwischen Allgäu und Oberschwaben? Eine gute Frage, viel gestellt und schwer zu beantworten, weil geografische und politische Definition dabei wild durcheinander geraten. Wer es ganz genau wissen will, muss sich vertieften historischen Studien über die Territorialveränderungen seit dem Reichsdeputationshauptschluss von 1803 hingeben. Als Faustregel dient vielleicht: Wo die Kornfelder wogen, ist Oberschwaben, wo die Grünwirtschaft beginnt, ist Allgäu. Und dann wird es auch noch richtig politisch, wenn Touristen auf den Gipfeln plötzlich mit einem Fuß in Deutschland, mit dem anderen in Österreich wandern. Das Kleinwalsertal und die Enklave Jungholz beispielsweise gehören zu Österreich und sind so genannte Zollanschlussgebiete – dank Euro-Währung gibt es wenigstens finanziell keine Verwicklungen mehr. In Wahrheit ist das Kleinwalsertal übrigens schweizerisch, denn aus dem Wallis waren Bergbauern, Profis der Alpenkultivierung, nach Osten gezogen.

» Die Allgäuer sind herzliche, freundliche Zeitgenossen «

Und die Menschen? Die Allgäuer sind herzliche, freundliche Zeitgenossen, immer zu einem gelegentlich auch derben oder hintergründigen Scherz aufgelegt, sparsam, auch mit Worten, allem Neuen aufgeschlossen, im Ernstfall aber konservativ bis auf die Knochen, gesellig und doch einzelgängerisch. Praktischer Vorschlag: Fahren Sie einfach hin, und lernen Sie Land und Leute kennen. Ob drinnen oder draußen, ob mit Familie oder auf Singlereise, ob Sie auf Gesundheit, sportliche Höchstleistung, Spaß, Abenteuer, Kulturerlebnisse, Kunstgenuss oder nur auf eine Zeit des Faulenzens aus sind – wie auch immer Sie sich das Allgäu vorstellen, die Realität ist genau so prall und wonnig wie Ihre vermeintlich übertriebenen Phantasien.

Mit Materialien aus der Natur errichtet: traditionelle Holzhäuser in Oberstdorf

Alpen, Käse, Kuren

Hintergründe und Besonderheiten des Allgäus

Allgäuer Alpen

Teil der Nördlichen Kalkalpen, der sich durch die Bregenzer Ache vom Bregenzer Wald und durch den Lech von den Lechtaler Alpen abhebt. Unterschiedliche Gesteinsformationen wie Molasse, Flyschgestein, Kreidekalke, Triaskalke und Dolomit machen die Vielgestalt im Aufbau der Allgäuer Alpen aus. Typisch sind die Grasberge (Flysch), die sich gut zum Alpinskilauf eignen und auf Gratwanderungen stundenlang Weitsicht bieten. Die Hauptgipfel der Allgäuer Alpen sind durch etwa 60 km lange Höhenwege, in durchschnittlicher Höhe von 2160 m, verbunden. Die anspruchsvolle Route, die vom Söllereck beinahe in Hufeisenform um Oberstdorf herum über den Bschießer bis nach Oberjoch führt, wird von Ende Juni an auf ihre Begehbarkeit geprüft.

Alpe

Im Plural Alpen, die alemannische Bezeichnung für Almen (Weidegebiete mit Hütte). Es gibt etwa 660 bewirtschaftete Alpen im Allgäu. Auf Sennalpen wird Käse hergestellt. Galtalpen dienen der Aufzucht von Jungvieh. Eine Anzahl Alpen bietet Einkehrmöglichkeit, einige wenige auch im Winter. Ein Netz von Sennalpwegen führt zu 31 Sennalpen im Gebiet von Immenstadt, Oberstaufen, Bad Hindelang und Oberstdorf (eine Broschüre ist bei den Verkehrsämtern des Gebietes erhältlich).

Einsames Gehöft an der Mädelegabel

Alpenflora

In den Alpen haben sich zahlreiche andernorts verdrängte Pflanzen erhalten: Von Mai bis Ende Juli blühen Orchideengewächse wie Frauenschuh und Knabenkraut, Blauer und Gelber Enzian, Aurikel, Anemone, Alpenrose, Küchenschelle, Akelei und Türkenbund. Eine verspätete Frühlingsvegetation erlebt man intensiv im Fellhorngebiet, am Himmeleck und auf den Höhenrücken zum Rauheck und zum Kreuzeck. Die Höfats, deren Gipfel nur Kletterern zugänglich sind, gilt als Edelweißberg.

Ferienwohnungen

Die so genannte Parahotellerie ist hoch entwickelt. Viele Ortschaften informieren mittlerweile in aufwändig gestalteten Gastgeberverzeichnissen über ihre Ferienwohnungen, ebenso im Internet. Für gewöhnlich wird wochenweise vermietet. Frühzeitige Reservierung ist zu empfehlen; eine Anfrage in letzter Minute ist jedoch selten aussichtslos.

Käse
Die Käseherstellung im Allgäu hat Tradition. Zu einem wichtigen Erwerbszweig ist sie jedoch erst geworden, als Carl Hirnbein aus Weitnau in der ersten Hälfte des 19. Jhs. dafür warb, statt Flachsanbau Milchwirtschaft zu betreiben, und damit den Grundstein für Käse als Exportschlager legte. Vordem wurde er überwiegend für den Hausbedarf produziert. In Wiggensbach gibt es einen Käsewanderweg, der 21 ehemalige Käsereien verbindet. Produziert werden insbesondere Emmentaler nach Schweizer Rezept – 70 Prozent der gesamten Emmentaler-Produktion kommen aus dem Allgäu – und der Allgäuer Bergkäse, der im Gegensatz zum Emmentaler nach dem Salzbad nicht »ausgeheizt«, also nicht im Gärkeller einem Gärprozess bei 21 Grad ausgesetzt wird. Daher hat der Bergkäse auch keine Löcher. Für einen Käselaib üblicher Größe braucht man rund 1000 l Milch. In Wertach hat Josef Kramer den Weißlacker erfunden, einen deftigen, stark gesalzenen, etwas krümeligen Käse.

Königsschlösser
Eines der Prunkschlösser, die der Bayernkönig Ludwig II. (1845–86) errichten ließ, liegt im Allgäu: das weltweit berühmte Schloss Neuschwanstein. In Sichtweite befindet sich Schloss Hohenschwangau, im Kern aus dem 13. Jh., und vom späteren König Maximilian II. im Tudorstil umgebaut.

Kuren
Über 20 Bäder, heilklimatische Kurorte und Luftkurorte liegen im Allgäu. Kuren nach dem Allgäuer Pfarrer Sebastian Kneipp können in Bad Wörishofen, seinem Wirkungsort, sowie in Fischen, Füssen, Bad Grönenbach, Bad Hindelang, Oberstaufen, Oy-Mittelberg, Oberstdorf, Ottobeuren, Scheidegg, Schwangau, Weiler-Simmerberg und Bad Wurzach genommen werden. Die Schroth-Kur nach dem schlesischen Bauern und Fuhrmann Johann Schroth hat in Oberstaufen, Oberstdorf und Weiler-Simmerberg Fuß gefasst. Regenerationskuren nach dem österreichischen Arzt F. X. Mayr werden in Scheidegg und Weiler-Simmerberg angeboten.

Die Marco Polo Bitte

Marco Polo war der erste Weltreisende. Er reiste in friedlicher Absicht, verband Ost und West. Er wollte die Welt entdecken, fremde Kulturen kennen lernen, nicht zerstören. Könnte er heute für uns Reisende nicht Vorbild sein? Aufgeschlossen und friedlich sollte unsere Haltung auf Reisen sein. Dazu gehören auch Respekt vor Mensch und Tier und die Bewahrung der Umwelt.

Wie aus dem Bilderbuch:
Bergpanorama, stiller See und Schloss Hohenschwangau

Moorbäder nimmt man in Fischen, Füssen-Bad Faulenbach, Hindelang-Oberjoch, Bad Wurzach und Scheidegg. Unter den ortsspezifischen Kuren ist die Heukur in Pfronten und Schwangau bemerkenswert. Alle Höhenlagen sind für Allergiker geeignet. Sozialkuren und Rehabilitation sind auf den heilklimatischen Kurort Neutrauchburg bei Isny konzentriert. Immer mehr Gewicht bekommt der private Gesundheitsurlaub, bei dem eine Lebensumstellung durch Bewegungstraining, Ernährungskonzepte und mentale Übungen bewirkt werden soll. Auch für diesen Trend ist man im Allgäu gerüstet.

Mundart

Wer ins Allgäu reist, kommt in schwäbisch-alemannisches Sprachgebiet. Für manchen verwunderlich: Auch auf der bayerischen Seite spricht man Schwäbisch, auf der baden-württembergischen eher in alemannischer Prägung. Allerdings ist der Dialekt – teils von Dorf zu Dorf erheblich variierend – ganz unterschiedlich eingefärbt. Machen Sie sich nichts daraus, wenn Sie anfangs wenig verstehen, dann ein paar Fortschritte machen – und bei der Weiterreise wieder nur »Spanisch« verstehen. Warum es so schwierig ist, das hat historische Ursachen: Der niederalemannische Dialekt behielt viele Elemente des Mittelhochdeutschen der Hohenstaufer Zeit bei. Wo man im hochdeutschen Sprachraum seit dem 12. Jh. »Haus«, »Eis«, »heiraten« und »Weib« sagt, blieb der Allgäuer schlicht bei »hus«, »is«, »hiere« und »wip«. Für Touristen klingen die alten Vokale völlig fremd: »Luin d'Schufl a's Hus duss.« Übersetzt: »Lehn die Schaufel ans Haus draußen.« Durch die jahrhundertelange Abgeschiedenheit hat der Dialekt wunderschöne mittelalterliche Wörter ins 21. Jh. gerettet, zum Beispiel »Bluetbodebira« (Blutige Bodenbirnen, Blutwurst mit Bratkartoffeln) oder »Fidle« (Hinterteil).

Namen
Orts- und Hofnamen, in denen »Reute« oder »Schwende« oder Abwandlungen wie »Schwang« vorkommen, erinnern daran, dass Waldungen gerodet worden sind. Unter Schwenden wird das Holzfällen und Verbrennen verstanden. Auch Bezeichnungen mit Schwein wie Schweinhöf haben nichts mit dem Tier, sondern mit Schwenden zu tun. Einige Namen wie der Flussname Iller gehen noch auf die Kelten zurück.

Oberschwäbische Barockstraße
Touristenstraße durchs »Himmelreich des Barocks«, ausgehend von Ulm, mit mehreren Verzweigungen: Die etwa 300 km lange Hauptstrecke von Ulm bis Langenargen am Bodensee berührt das Allgäu zwischen Bad Wurzach, Kißlegg, Isny und Wangen; die Ostroute führt durchs Allgäu über Memmingen, Ottobeuren, Kempten, Leutkirch, Wangen, Kißlegg, Wolfegg.

Sparsamkeit
Das Allgäu gehört zu Bayerisch-Schwaben und zum württembergischen Oberschwaben, deren Bewohner sich zwar mit den Württemberger Schwaben aus historischen Gründen gar nicht grün sind, aber gewisse Mentalitätseigenheiten teilen. So ist zum Beispiel die viel belächelte schwäbische Sparsamkeit oberster Volkssport. Das äußert sich unter anderem darin, dass die lokalen Geschäftsleute oft erst die billigeren Artikel feilbieten und nur zögernd und entschuldigend die hochwertigeren, teureren Produkte hervorholen. Gelegentlich muss man sie

Barocke Pracht in der Kirche St. Gallus und Ulrich in Kißlegg

Fasnetszeit

Die schwäbisch-alemannische Fasnacht

Die schwäbisch-alemannische Fasnacht – »Fasnet« – sollte man einmal erlebt haben. Sie bleibt auch in der Spaßgesellschaft eine ernsthafte Angelegenheit, die nichts mit der fröhlichen Sinnlichkeit des kommerzialisierten rheinischen Karnevals zu tun hat. Bei den Umzügen gibt es so gut wie keine motorisierten Wagen, die Hexen gehen zu Fuß bzw. springen Furcht erregend herum. Viele Hundert toben, schreien, lachen und treiben todernst ihren derben Schabernack zu schräg-schöner Blasmusik (Vorsicht: Mützen und Hüte festhalten!). Das Publikum steht in Alltags-Sack-und-Asche am Straßenrand und antwortet ihnen: »Hey – muh!« oder »hoorig, hoorig – isch dia Katz« oder »Schelle, Schelle – schell' au«. Wer nicht mitschreit, wird gemaßregelt, ein paar Hundert Meter weit verschleppt und auf den Boden gelegt. Wichtig: Ordnungskräfte gehen herum und kassieren einen kleinen Obulus – mit Quittung zum Beweis für den nächsten Kassierer.

zwingen, einen profanen Gegenstand, ein Kochutensil zum Beispiel, in einem in ihren Augen übertrieben luxuriösen Material wie Edelstahl oder Silber zu bestellen, täte es die zwar unansehnliche, aber billigere Plastikausführung doch auch! Weggeworfen wird ohnehin möglichst nichts. Der extreme Sparsamkeitstrieb erklärt sich historisch aus den bargeldlosen, entbehrungsreichen Notzeiten des 18./19. Jhs., als die Landwirtschaft noch vom Flachsanbau lebte und viele überschuldete Bauern Hof und Besitz an Leinenhändler verloren. Es heißt, in dieser Zeit sei die Sparsamkeit für viele Allgäuer zu einem Teil ihrer Religion geworden.

Tiere

Wer auch nur eine halbe Stunde von der Nebelhorn-Bergstation zum Koblat emporgeht, hört den schrillen Warnruf der Murmel. Eine gewisse Gewöhnung an Menschen scheint hier insofern eingetreten zu sein, als sich der Wächter nach seinen Warnrufen nicht versteckt. Wenn der Wind günstig steht, kann man in den Geröllhängen gelegentlich auch eine ganze Murmelfamilie sehen. Es lohnt sich, auf Bergwanderungen ein Fernglas mitzunehmen. Unvergesslich ist der Anblick, wenn sich Gämsen oder ein Steinbock auf einem Grat vor dem Himmel abzeichnen. Zur Brunftzeit kann man, zum Beispiel im Oytal oder in Balderschwang, das schauerliche Röhren der Hirsche vernehmen. An verschiedenen Stellen, etwa im Schwarzwasser- und im Oytal, sind noch (oder wieder) Steinadler zu Hause. An Rastplätzen warten Alpendohlen auf Futter, und Kreuzottern fliehen bei Erschütterung des Bodens.

Irseer
Klosterbrauerei
Irseer Klosterbräu
Hotel
Braugasthof

Kasspatzen und Schmankerln

Die Allgäuer Kochkunst verlässt sich auf nahrhafte Grundlagen, auf Küchle, Kuchen und deftige Vesper

Vielleicht geht für die Allgäuer Schwaben die Liebe noch eher durch den Magen als für Verliebte anderer Regionen. Das Allgäu ist eine konservativ geprägte bäuerliche Landschaft, in der die Menschen immer schwer für ihr täglich Brot arbeiten mussten. Früher ging es karg zu, zumal in den Höhenlagen, da waren die Mahlzeiten manchmal der einzige Luxus, den man sich leistete. Ob sich daraus eine richtige Kochkunst entwickeln konnte, ist umstritten. Denn es kam früher vor allem auf lang anhaltenden Nährwert und kräftigende Energiezufuhr an.

Die meisten Spezialitäten des Allgäus werden mit Mehl, Eiern, Milch, Wasser und meist auch Käse zubereitet. Daraus entstehen Teiggebilde, die als Nudeln, Spätzle, Knöpfle, Maultaschen auf der Speisekarte erscheinen. »Kasspatzen«, Kässpätzle, werden in der einheimischen Küche noch genauso ernsthaft und regelmäßig gegessen wie früher, ebenso Kraut- und Spinatspätzle oder Krautkrapfen.

Ehrgeizige Köche versuchen heute zwar, die einfachen Gerichte raffiniert zu veredeln, was den waschechten Allgäuer jedoch nicht blenden kann: Er bevorzugt allemal eine ordentliche Portion Kässpätzle aus Teig und Rohmilch-Bergkäse der fettärmeren Version mit dekorativer Salatbeilage. Man muss ihm Recht geben: Dazwischen liegen tatsächlich Geschmackswelten.

Aufwändige Wirtshausschilder zeigen, wo's langgeht

In der Küche spiegeln sich bayerische und schwäbisch-württembergische Traditionen wider. Die deftige »Brotzeit« (in Württemberg die Vesper), die bayerischen »Schmankerln«, die Knödel und die Leberknödelsuppe gehören ebenso zum Standard wie die Flädlesuppe von der Württemberger Seite. Aus der Landschaft kommen für die Tafel Wild und Fisch, Forellen aus den regionalen Fischteichen oder diverse Bodenseefische.

Wer die Pfunde fürchtet, die man bei solch deftiger Ernährung zulegen könnte, sei beruhigt: Auch im Allgäu gibt es eine breite Auswahl an Gasthöfen und Gourmetrestaurants mit gehobener und von auswärts beeinflusster Küche. Den traditionellen Arme-Leute-»Stopfer«, eine Mehlschwitze mit Schmalz und Eiern, können nur noch ganz alte Allgäuerinnen zubereiten.

Allgäuer Spezialitäten

Lassen Sie sich diese Köstlichkeiten gut schmecken!

Apfelbrot – köstliche Mischung aus süß, würzig und nahrhaft mit geraspelten Äpfeln, Zucker, Rosinen und gehackten Haselnüssen; besonders lecker zum Frühstück

Birnenbrot – noch köstlicher als Apfelbrot: in den besseren Bäckereien im Herbst als helle oder dunkle Sorte zu kaufen

Bratknödelsuppe – Wurstmasse in Brühe ausgekocht und ziehen gelassen; Vor- oder Hauptspeise

Felchenfilets – besonders lecker mit Salbeiblättern in Sahnesauce, dazu Gemüse der Saison oder Salat und Kartoffeln

Flädlesuppe – würzige Suppenbrühe, in der schmale Pfannkuchenstreifen schwimmen; klassische Vorspeise

Frische Pfifferlinge – im Suppenteller serviert, weil der eine große Knödel in der Pfifferlingsuppe richtiggehend badet

Holunderküchle – Holundergebäck, wird im Frühherbst als Delikatesse angeboten

★ **Kässpätzle** – abwechselnde Lagen aus Spätzle und geriebenem Bergkäse, mit Zwiebeln und Butter abgeschmelzt; im Restaurant möglichst mittags essen (frisch)

Maultaschen – Nudelteigtaschen; klassische Füllung: fein gehackte angeröstete Zwiebeln und Lauch, etwas Hackfleisch, abgeschmeckt mit Petersilie, Muskat und Spinat

Maultaschensuppe – nahrhafte Alternative zur Flädlesuppe: Maultaschen in Suppenbrühe

Rösti – aus der Schweiz importierte Beilage für den großen

Appetit: eine knusprige Bratkartoffelvariante

Schupfnudeln – im Volksmund auch »Buebespitzle« genannte kurze Nudeln; mit Sauerkraut angemacht, schmecken herzhaft und machen durstig

Wurstsalat – mit Zwiebeln und saurer Sauce angemachte Wurststreifen; gut für heiße Sommerabende; dazu passt ein helles, dunkles oder besser noch ein perlendes Kristallweizenbier

Zwetschgendatschi – wenn die Wespen aggressiv werden, gibt es ihn: zergeht um so mehr auf der Zunge, je dünner und knuspriger der Boden gebacken wurde; mit Sahne natürlich!

Ein süßes Kapitel für sich: die Allgäuer und ihre Küchle, Kuchen, Torten und Gebäcksorten! Eine typische Allgäuer Hausfrau, die nicht mehrmals wöchentlich backen würde, um immer für unerwarteten Besuch gewappnet zu sein, ist unvorstellbar. Und erst an Geburts- und Festtagen, wovon es wahrlich viele gibt: Kaum eine Woche, die nicht Anlass zur Geselligkeit böte. Schon aus diesem Grund zieht es manche Norddeutsche ins Allgäu: Die Bäckereien und die Dessertkarten haben ein so breites Sortiment, dass selbst eingefleischte »Sauerköpfe« plötzlich Apfelküchle mit Vanilleeis bestellen, eine Art National-Nachspeise, die wirklich auf der Zunge zergeht. Eine ins 17. Jh. zurückreichende Tradition ist das »Springerle«-Backen vor Weihnachten. Diese mit Modeln, hölzernen Keksformen, geprägten, anisgewürzten Eierteigplätzchen sind unter verschiedenen Namen im ganzen süddeutschen Raum beheimatet und gehören im Allgäu und in Oberschwaben so unverbrüchlich zur Adventszeit wie das Amen in der Kirche. Die in geschnitzten Hohlformen gebackenen Bilder mit phantasievollen Motiven sind Ausdruck künstlerischer Kreativität; sie dienten zugleich als kleine Geschenke. Im deutschen Brotmuseum Ulm sind viele Modelbeispiele ausgestellt.

Wussten Sie, dass Brezeln früher nur während der 40-tägigen Fastenzeit gebacken und gegessen werden durften? Noch typischer als die Brezel und ihre Variante, das Laugenhörnle, sind die vor allem im Allgäu und im Bodenseeraum beheimateten »Schwäbischen Seelen«. Diese einfache Brotart aus Weißmehl, Wasser und Salz ist heutzutage täglich frisch beim Bäcker zu bekommen. Früher war sie besonderen Gelegenheiten wie Allerheiligen und Allerseelen vorbehalten, wenn man das Seelengebäck armen hungrigen Menschen gab, die sich durch Aufsagen von Bittsprüchen bedankten.

Die Tendenz zur vollwertigen Ernährung ist im Allgäu stärker ausgeprägt als in anderen Urlaubslandschaften. Gourmet- und Öko-Köche vereint das Credo: frische Produkte aus der Umgebung. Dieser Bedarf wird von immer mehr landwirtschaftlichen Betrieben gedeckt, die nach biologisch-dynamischer oder biologisch-organischer Weise arbeiten. Nicht wenige Verbraucher kaufen direkt auf den Höfen Fleisch, Wurst, Geflügel, Eier, Butter, Nudeln, Holzofenbrot und Milch, aber auch Marmelade, Honig, kalt gepresstes Speiseöl, Biowein, Apfelsaft und auch Schnaps von Streuobstwiesen ein. Wegen der weiten Wege liefern manche Höfe mittlerweile ihre Erzeugnisse nach Bestellung direkt an die Haustür. So mancher überregionale Reformhauslieferant hat seinen Firmensitz im Allgäu.

Mehr als anderswo haben im Allgäu Familienbrauereien in Nischen überlebt und den Erlebniswert des Bierbrauens für die Konsumenten entdeckt. Die Gäste profitieren davon, indem sie unter vielen Biersorten, etwa hellen und dunklen Weißbiervarianten mit und ohne Hefe (»Weizen«), wählen können. Vorsicht ist jedoch vor der verheerenden Wirkung des süffigen Bockbiers, des köstlichen und gefährlichen »Primeurs« unter den Bieren, geboten!

Hüte, Holz und Honig

Das Kunstgewerbe knüpft an alte Traditionen an – ob schnitzen, weben oder töpfern

Zünftig ist der Allgäuer Filzhut. Er wird ebenso wie Strohhüte und bayerische Trachtenhüte in Lindenberg im Allgäu hergestellt. Dort kann man auch Kopfbedeckungen direkt von der Fabrik kaufen.

Im 18. und 19. Jh. wurde überall in der Region der »Allgäuer Teppich« gewebt, besser bekannt als »Fleckerlteppich«. Er zeugt von der Armut vergangener Tage, wurden doch in die grobfädige Kette Stoffreste und Lumpen eingewebt. Inzwischen jedoch werden im Allgäu auch hochwertige Schafwollteppiche mit modernem Design hergestellt. Nach wie vor werden sie auf Handwebstühlen gewebt.

Die Tradition der Hammerschmieden, insbesondere an der Ostrach, wird bis in die Gegenwart weitergeführt. In Bad Oberdorf kann man handgefertigte Eisenpfannen erwerben. Auch Landsknechtsspieße und andere dekorative Gegenstände werden an technikhistorischer Stätte produziert und vor Ort verkauft.

Die traditionelle Freizeitbeschäftigung des Schnitzens hat sich im Allgäu zur Profession entwickelt. Es gibt eine ganze Anzahl kleiner Werkstätten. Mehrere Töpfer und auch Glasbläser haben sich im Allgäu niedergelassen. Zu einem Markenbegriff ist Allgäuer oder Hindelanger Keramik geworden. Außer in Ladengeschäften erhält man diese Keramik in Altstädten an der Produktionsstätte.

Vertriebene Sudetendeutsche aus Gablonz haben in Kaufbeuren in rund 150 Firmen ihr traditionelles Handwerk wieder aufgebaut und in Neugablonz das bedeutendste Modeschmuckzentrum der Welt errichtet.

Kunstgewerbe im Allgäu hat sich manchmal, etwa bei den Puppenmacherinnen, aus einem privaten Steckenpferd entwickelt. Im Allgäu leben relativ viele Kunsthandwerker, auch Künstler, vor allem Maler, deren Werke zu erwerben sind.

In Maierhöfen kann man eine Imkerei besichtigen und Honig sowie Bienenwachsprodukte kaufen.

Wer sich gar nicht entscheiden kann – etwas für Leib und Magen ist immer richtig: ein Birnenbrot oder ein Obstler und nicht zuletzt ein weiteres Naturprodukt, ein guter, reifer Bergkäse.

In der Käserei reifen die Laibe vor dem Anschnitt

Feste, Events und mehr

Von Bergmesse bis Funkenfeier

Die Allgäuer sind ein geselliges und festfreudiges Völkchen. Sie feiern Kinder-, Heimat- und Stadtfeste, farbenfrohe Sommer- und Fasnachtsumzüge,

Fasnet in Wangen

heidnische Funkenfeiern zum Austreiben des Winters, Wallfahrtsprozessionen, Bergmessen, den bäuerlichen Viehscheid, die Zusammenkünfte der Alphornbläser und natürlich die sportlichen Wettbewerbe. Hinzu kommen festliche Konzertzyklen und geistliche Musikdarbietungen in Schlössern, Kirchen, Abteien und anderen Gemäuern. Über aktuelle Termine informieren die Verkehrsämter, Tourismusverbände, Kurverwaltungen und Internetseiten der einzelnen Orte.

Offizielle Feiertage

Neben den bundesweiten gelten einige katholische Feste als gesetzliche Feiertage: **6. Januar** *Hl. Drei Könige*; **Fronleichnam; 15. August** *(nur in Bayern und Österreich) Mariä Himmelfahrt;* **26. Oktober** *(nur in Österreich) Staatsfeiertag;* **1. November** *Allerheiligen;* **8. Dezember** *(nur in Österreich) Mariä Empfängnis*

Besondere Veranstaltungen

Januar

Krippele-Luaga (Krippen anschauen), zwischen 26. Dez. und 6. Jan., in Roßhaupten: Man besucht sich nach alter Sitte, bewundert Weihnachtsbaum und Krippe und trinkt dabei den einen oder anderen Obstler.

Februar/März

Höhepunkt der *Fasnachtszeit* sind die Tage zwischen »Gumpigem Donnerstag« und Faschingsdienstag. Fast alle Städte und Dörfer des alemannischen Allgäus haben eigene Fasnetsumzüge. Am 1. Fastensonntag brennen überall im Land abends die Funkenfeuer.

April

Georgiritte mit Pferdesegnung: halb kirchliches, halb folkloristisches Fest am So nach dem 23. April in der Gegend um *Oberstaufen*

Insider Tipp *Kemptener Jazz-Frühling* in der Altstadt mit lokalen und internationalen Interpreten, teilweise unter freiem Himmel

Kunstfrühling in Bad Wörishofen

Mai

Kultur- und Brauchtumstage in Fischen mit der Big Band Oberallgäu, Kabarett und Ausstellungen

Juni

Frundsbergfest: Alle drei Jahre Ende Juni/Anfang Juli findet in Mindelheim das Frundsbergfest zu Ehren des Feldhauptmanns Frundsberg (15. Jh.) statt *(nächstes Fest: Sommer 2003).*

Juli

★ *Tänzelfest:* Etwa 1600 Kinder spielen in Kaufbeuren die Geschichte ihrer Stadt.

Heilig-Blut-Fest. Wallfahrtsfest mit etwa 1600 Reitern am 2. Fr in Bad Wurzach

Seenachtsfest am Großen Alpsee bei Bühl mit Feuerwerk und Tanz

Wallenstein-Festspiele, alle vier Jahre in Memmingen *(nächstes Fest 2004)*

Oberstdorfer Musiksommer

August

Mitte Aug. *Sägefest* an der historischen Sägemühle, Fischen

Burgfest an der Ruine *Alttrauchburg* bei Kleinweiler (Weitnau)

September

★ *Viehscheid:* Ca. 40 000 Stück Vieh werden von der Alm abgetrieben.

Internationales Fuhrmannstreffen, Mitte Sept. in Scheidegg

Oktober

Colomansfest: Am So vor dem 13. Okt. versammeln sich 200 geschmückte Pferde mit Reitern in Tracht zur Segnung bei der Kirche St. Coloman in Schwangau.

November

St.-Martini-Ritt. 1. So, Blaichach

Christkindlesmärkte ab Ende Nov.

Dezember

Klausentreiben: »Rumpelklausen« vertreiben vom 4. bis 6. Dez. in Sonthofen, Oberstdorf und Fischen die Wintergeister.

Weihnachtsblasen am 24. Dez.

Ski-Nachtlauf am 26. Dez. in Fischen

Silvester-Fackelläufe

Beim Tänzelfest in Kaufbeuren

RATHAUS

Moorseen und Stadtschlösser

Zwei Bundesländer teilen sich einen Allgäu-Teil

Die hügelige Wald- und Wiesenlandschaft des Westallgäus ist von harscher und zugleich lieblicher Schönheit. Mehrere ehemalige Freie Reichsstädte und zahlreiche Schlösser, die teils noch von alten Adelsfamilien bewohnt werden, zeugen von bewegter Vergangenheit. Im so genannten »Käsdreieck« Wangen–Leutkirch–Isny und seinen Ausläufern verzichtete man baulich auf Übertreibungen. Hier lebt ein liebenswerter, aufgeschlossener Menschenschlag. Viele Dörfer und Weiler des Westallgäus liegen direkt an oder gar auf der Grenze Bayern–Baden-Württemberg.

ISNY

[117 F2–3] Der Kern der ehemals Freien und nach der Reformation streng evangelischen Reichsstadt Isny (720 m, 13 000 Ew.), deren Leinweber rege Handelskontakte nach halb Europa unterhielten, ist in überwiegend barockem Baustil mit mittelalterlichen Wehranlagen noch geschlossen vorhanden. Einst stand hier ein spätrömisches Kastell. Zum Ort mit dem 1096 gegründeten Be-

Schindelgeschmücktes Rathaus von Scheidegg

Benediktinerkloster von Isny

nediktinerkloster gehören Beuren am Badsee, Rohrdorf, der Luftkurort Großholzleute und der heilklimatische Kurort Neutrauchburg mit den Waldburg-Zeil-Kliniken, einem Zentrum für Rehabilitationskuren, das auch Urlaubern offen steht. Im Winter ist Isny ein Langlaufparadies.

SEHENSWERTES

Kunsthalle im Schloss
Im edel restaurierten Schloss ständige Präsentation der romantisch-phantastischen Bilderwelt Friedrich Hechelmanns sowie sowie seiner ungewöhnlichen Sammlung von Marmor- und Bronzerepliken hellenistischer Skulpturen und Reliefs. *Schloss 1, Di–So 11–17 Uhr, 5 Euro*

Nicolaikirche
In der Nicolaikirche ist die kostbare Prädikantenbibliothek mit 1200 Insider Tipp

Bänden und 2000 Schriften untergebracht, darunter die Pergamenthandschrift eines Messbuches aus dem 12. Jh., Inkunabeln und Flugschriften von Luther, Melanchthon und Zwingli. *Kirchplatz, Führungen April–Okt. Mi 10.30 Uhr*

Rathaus

Das schönste Haus von Isny ist das Haupthaus des Rathauses mit dem historischen Sitzungssaal. *Wassertorstr., Eingang Espantorstr. 2*

Stadtführungen

Aufschlussreiche Stadtführungen finden das ganze Jahr über statt. *Kurhaus am Park, Sa 9.45, Juli bis Sept. jeden 2. Di 19 Uhr*

MUSEEN

Museum am Mühlturm

Querschnitt durch die Geschichte der Stadt, Exponate zum Flachsanbau, zur Weberei und zur Münzgeschichte. In einer Münzwerkstatt können Besucher eine vor ihren Augen geprägte Isnyer Münze kaufen. *Fabrikstr., Di, Do, Sa, So 14–17 Uhr, 1,50 Euro*

Wassertor

Heimatmuseum mit Ausstellung zur Feuerwehrgeschichte, historische Schuhmacherwerkstatt. *Wassertorstr., Führungen Mai–Okt. Mo 19, Mi 14, So 10 Uhr*

ESSEN & TRINKEN ÜBERNACHTEN

Insider Tipp **Gasthof Adler**

Das um 1400 als Wasserburg errichtete Gebäude beherbergte schon im 15. Jh. Reisende. In der »Gerichtslaube« wurde über den Bauernaufstand beraten, berühmte Gäste waren Maria Theresia (1768) und Marie Antoinette (1770). *25 Zi., Mo geschl., Großholzleute, Tel. 07562/20 41, €€*

Berghotel Jägerhof

Vorbei an Einöd-Bauernhöfen fährt man zum Berghotel, das unterschiedliche Wohnvarianten zu einem anspruchsvollen Ferien- und Tagungshotel verbindet. *7 km außerhalb Richtung Sommersbach, 79 Zi. und 9 Suiten, Tel. 07562/770, Fax 772 02, €€€*

Schloß-Gasthof Sonne

Im Komplex der Schlossgebäude in Neutrauchburg, von denen jedes den Namen eines Gestirns trägt. *6 Zi., Schlossstr. 7, Tel. 07562/71 19 40, Fax 71 19 41, €€*

EINKAUFEN

Christbaumschmuck, Märchenfiguren und dekorative Artikel: *Isnyer Weihnachtsmarkt; Studio Koestel Design, Kornhausgasse 10*

AM ABEND

Festivals

Insider Tipp Die Isny-Oper findet Mitte Juli und das Theaterfestival 14 Tage im Juli/Aug. mit namhaften Künstlern und Workshops zu Tanz, Theater und Gesang statt *(www.isny.de).*

Löwen-Pub

Die irische Dekoration verträgt sich gut mit dem altdeutschen Wirtshausmobiliar. Hier finden Konzerte mit Irish/Scottish Folk and Bluegrass statt. *Tgl. ab 16 Uhr, Sa oft ab 10 Uhr, Wassertorstr. 25, Tel. 07562/34 42, €*

AUSKUNFT

Kurverwaltung
Unterer Grabenweg18, 88316 Isny, Tel. 07562/98 41 10, Fax 98 41 72, www.isny-tourismus.de

ZIEL IN DER UMGEBUNG

Eglofs **[117 E3]**
Eglofs hat einen der idyllischsten Marktplätze weit und breit. Am Ortsrand Familienferiendorf der Diözese Rottenburg–Stuttgart *(44 Häuser für je 6–8 Personen, zuschussfähig; Tel. 07566/910 01, Fax 910 02, www.familienerholungswerk.de)*. Westlich von Eglofs liegt die barockisierte Wallfahrtskirche Maria Thann mit einem der stilreinsten Sakralräume des Westallgäus. Ein Fahrradausflug kann zur Badwirtschaft Malleichen mit Biergarten und Spielplatz führen *(Mo geschl., Tel. 08383/74 39, €)*.

Insider Tipp

KISSLEGG

[117 D–E1] Das Städtchen an der Oberschwäbischen Barockstraße mit den Teilorten Immenried und Waltershofen ist bestimmt von zwei Schlössern, der stattlichen Pfarrkirche, dem Ober- und dem Zeller See (8700 Ew., 650–739 m). Durchs Arrisrieder Moos führt ein Biotoplehrpfad.

SEHENSWERTES

Neues Schloss
1721–27 von Johann Georg Fischer erbaut und später mit schönen Stuckaturen ausgestattet, dient es als kulturelles und gesellschaftliches Zentrum. Regelmäßige Kunstkurse. *April–Nov. Di–So 11–17 Uhr, Führung tgl. 14 Uhr, Schlossstr.*

St. Gallus und Ulrich
Die ursprünglich gotische Kirche wurde 1734–38 von Johann Georg Fischer barock umgebaut. Bekannt durch den »Augsburger Silberschatz«. *Klosterhof*

MUSEUM

Museum Expressiver Realismus

Insider Tipp

Malerei des 20. Jhs. mit etwa 120 Gemälden der »verschollenen Ge-

MARCO POLO Highlights »Westallgäu«

★ **Internationale Wolfegger Konzerte**
Klassische Konzerte in historischem Ambiente (Seite 37)

★ **Automobilmuseum in Wolfegg**
Edle und weniger edle Benzinkutschen im Marstall eines Schlosses (Seite 38)

★ **Wurzacher Ried**
Das größte Hochmoor Mitteleuropas (Seite 39)

★ **Waldburg**
Die Atmosphäre einer echten Ritterburg (Seite 38)

Das alte Schloss von Kißlegg

neration«, einer selten zu sehenden postmodernen Kunstströmung. *Neues Schloss, April–Nov. Di–So 11–17 Uhr, 2,50 Euro*

ESSEN & TRINKEN ÜBERNACHTEN

Hotel-Gasthof Ochsen
Gut ausgestattet, gepflegte Diät- und schwäbische Küche. Separates Gästehaus. *31 Zi., im Winter ab 14 Uhr und Mi geschl., Herrenstr. 21, Tel. 07563/910 90, Fax 910 50, €*

Sonnenstrahl
Mit diesem Ferien- und Seminarhotel hat sich ein Manager seine Vorstellung von ganzheitlicher Lebensweise erfüllt. Das Haus wurde nach biologischen Gesichtspunkten umgebaut und eingerichtet. Thermalbad für jedermann, vegetarisches Nichtraucherrestaurant. *63 Zi., Sebastian-Kneipp-Str. 1, Tel. 07563/18 90, Fax 18 91 00, €€*

AUSKUNFT

Gäste- und Kulturamt
Im Neuen Schloss, 88353 Kißlegg, Tel. 07563/93 61 42, Fax 93 61 99, www.kisslegg.de

LEUTKIRCH

[111 F5–6] Wenn's nach der Fläche ginge, wäre die ehemals Freie Reichsstadt Leutkirch die zweitgrößte Stadt Baden-Württembergs. Die 23 000 Ew. verteilen sich auf den historischen Stadtkern und 200 Dörfer, Weiler und Einöden (654 bis 754 m). Vom Viehmarktplatz führen 10 Radtouren zu den einzelnen Ortschaften. Das Städtchen verdankt seine Existenz den »Leuten«, die vor über 1100 Jahren eine Kirche haben wollten. In der heutigen Martinskirche am Marienplatz steht die wertvolle spätgotische Schnitzfigur Anna Selbdritt (1490), vermutlich ein Werk von Hans Multscher aus der Ulmer Schule.

SEHENSWERTES

Altstadt

Im Rathaus (1741) ist der barocke Ratssaal mit reicher Stuckatur sehenswert. Das Gotische Haus *(Marktstraße 32)*, eines der fünf wichtigsten Baudenkmäler Südwürttembergs, gilt als bedeutendes Zeugnis alter Handwerkskunst. *www.gotisches-haus-leutkirch.de*

Insider Tipp **Historische Glashütte**

In dem erhaltenen Glasmacherdorf Schmidsfelden mit Glashütte, Herrenhaus, Kapelle, Magazin, Wohnhütten und Naturschutzstation werden Arbeitstechniken der Glasherstellung aus Vergangenheit und Gegenwart gezeigt. *Nov.–März So 14–17 Uhr, April–Okt. Sa 13–17 Uhr, So 10–17 Uhr*

Museum im Bock

Heimatmuseum in historischem Ambiente. *Am Gänsbühl 9, Mi 15–18, an So und Feiertagen 10–12 und 14–17 Uhr, 1 Euro*

ESSEN & TRINKEN ÜBERNACHTEN

Brauerei-Gasthof zum Mohren

Die bemalte Fassade und die in der Gastraumtür eingeschliffene Schrift »Speisesalon« signalisieren, dass es sich um das älteste Haus am Platz handelt. *Di geschl., Wangener Str. 1, Tel. 07561/985 70, €*

Insider Tipp **Gasthof Lamm**

Schnörkelloses, urtümliches Altstadtlokal, veranstaltet gelegentlich Ausstellungen und Jazzsessions. *Mo, Di, Do, Fr 11–14 und 18–24 Uhr, Sa und So 18–24 Uhr, Lammgasse 4, Tel. 07561/42 76, €*

Zum Strauß

Alter Brauereigasthof. *Sa nachmittags und So geschl., Obere Vorstadt 16, Tel. 07561/42 53, €*

AUSKUNFT

Gästeamt

Am Gänsbühl 6, 88299 Leutkirch im Allgäu, Tel. 07561/871 54, Fax 871 86, www.leutkirch.de

ZIEL IN DER UMGEBUNG

Schloss Zeil **[111 F5]**

Vierflügelige, repräsentative Anlage aus mehreren Jahrhunderten, Kirche und Außenanlagen mit Wildgehege zu besichtigen. Angenehme Einkehr im Schlossgasthof, schöner Biergarten mit Kinderspielwiese *Grüner Baum* aus dem Jahr 1730 *(4 Zi., Mo geschl., Di ab 17, Mi–Sa ab 11, an So und Feiertagen ab 9.30 Uhr, Tel. 07561/60 07, €).*

SCHEIDEGG

[117 D4–5] Der Fremdenverkehrsort Scheidegg (4100 Ew.) ist heilklimatischer und Kneipp-Kurort (800–1000 m). Der sanft abfallende Rücken des Pfänders verschafft Scheidegg eine Panoramalage mit Blick über 100 Allgäuer, Vorarlberger und Schweizer Alpengipfel.

SEHENSWERTES

Insider Tipp **Heimathaus**

Es beherbergt ein anschauliches Handwerkermuseum. *1. und 3. So im Monat 9.45–12 Uhr, Schlosserweg 1, 1,50 Euro*

Pfarrkirche St. Gallus
Die von Johann Georg Specht erbaute Pfarrkirche und 12 weitere Kirchen und Kapellen sind seit 1999 durch den kleinen und den großen »Ökumenischen Kapellenweg« (Wege für Leib und Seele) verbunden.

Reptilienzoo
Neben dem Scheidegger Wasserfall liegt der Reptilienzoo mit Schlangen, Echsen, Schildkröten und Krokodilen. *Gretenmühle an der B308, April–Okt. tgl. 9–18, Nov.–März Sa–Do 10–17 Uhr, 3,70 Euro*

ESSEN & TRINKEN ÜBERNACHTEN

Gasthaus zum Hirschen
Hier gibt's hausgemachte Spezialitäten. *Di ab 14 Uhr und Mi geschl., Kirchstr., Tel. 08381/21 19, €*

Rohrachblick
Dreigeteiltes Restaurant: *Le Gourmet* (reservieren!), gut bürgerlicher Bereich sowie Biergarten. *Fr geschl., Gretenmühle, Tel. 08381/66 02, €–€€*

Ferienhotel Rosenalm
In Panoramalage im Kurgebiet liegt die *Rosenalm,* mit Hallenbad. Auch Vollwert- und Schonkost. *32 Zi. und Ferienwohnungen, Kurstr. 9, Tel. 08388/982 28 38, Fax 12 54, €*

FREIZEIT & SPORT

Biketouren verschiedener Schwierigkeitsgrade auf schönen Panoramastrecken *(Mountainbikeverleih und Service, Informationen bei der Kurverwaltung);* Langlaufzentrum mit Dusch- und Umkleideraum.

AUSKUNFT

Kurverwaltung
Rathausplatz 4, 88175 Scheidegg, Tel. 08381/895 55, Fax 895 50, www.scheidegg.de

ZIEL IN DER UMGEBUNG

Lindenberg **[117 D–E4]**
Rosshändler brachten die Handwerkskunst der Strohhutherstellung aus Italien in den Höhenluftkurort (750–824 m, 11 000 Ew.). Bereits zu Beginn des 19. Jhs. hatte sich Lindenberg zum Zentrum der Strohhutfabrikation entwickelt. Um 1885 gab es hier 23 Fabriken. Schon 1893 wurde in Lindenberg, noch vor München, die elektrische Straßenbeleuchtung eingeführt. Sehenswert ist das Hutmuseum mit Arbeitsplätzen der Huterer aus der Zeit um 1900; unterschiedliche Modelle, darunter auch Matrosenhüte aus Weizenstroh für die kaiserliche Marine, Olympia- und Expeditionshüte. *Im 2. Stockwerk der Stadtbibliothek, Brennterwinkel 4, Mi 15–17.30 und So 10–12 Uhr, Dez. geschl., 2 Euro*

Insider Tipp

Übernachten kann man seit 1905 im Gasthof *Goldener Adler (5 Zi., Ortsteil Goßholz, Tel. 08381/92 86 78, €).* Ein Rundwanderweg führt durchs Moor vorbei am Moorfreibad im idyllischen Waldsee. Am Abend bittet *Reinhard's Einkehr (Staufener Str. 13)* zum Tanz.

Auskunft: Tourist Information, Stadtplatz, 88161 Lindenberg, Tel. 08381/803 24, Fax 803 88

Emmentaler

Nicht alles ist Käse, wo Käse draufsteht

Fast jeder Emmentaler, der in Deutschland verzehrt wird, ist ein Allgäuer Käse. Früher hatte dort jeder Weiler seine eigene Käserei, seine Sennerei, kurze Wege für die Milch und schnelle Verarbeitung – eigentlich ein kaum zu übertreffendes ökologisches Modell, darüber hinaus geschmacklich über jede Konkurrenz erhaben. Diese bäuerliche Kultur verschwand in den 1960er-Jahren, als die kleinen Dorfsennereien von großen Molkereien geschluckt wurden. Mittlerweile knüpfen Biohöfe an alte Traditionen an. Der beste Käse wird aus Rohmilch ohne Zusätze gemacht, kommt direkt vom Hof, idealerweise gleich von der Sennalpe, wo die Kühe gesünder und die Weidenkräuter reichhaltiger sind. Erfunden haben die Allgäuer ihren Käse übrigens nicht: Das waren Schweizer aus dem Emmental und Belgier aus Limburg.

WANGEN

[117 D2–3] »In Wangen bleibt man hangen.« Keine Übertreibung: Der Anblick des Stadtkerns mit seinen Tortürmen, mit bunten Fassaden und zahlreichen Brunnen ist bezaubernd. Die Wangener haben für ihre alte Bausubstanz viel getan. Die gesamte Innenstadt steht seit 1976 unter Ensembleschutz; in einer »Allgäuer Altstadtfibel« wurden den Hausbesitzern Hinweise für stilgerechte Sanierungen gegeben. Dem sind auch die zahlreichen Zunftzeichen in der ehemals Freien Reichsstadt zu verdanken, ebenso die vielen wiederbelebten alten Steinbrunnen und neuen bronzenen Figurenbrunnen. Das Rathaus verkörpert von seinen romanischen Anfängen bis ins Barock die Baugeschichte der Stadt. Wangen wird im Jahr 815 als Schenkung an das Kloster St. Gallen erstmals erwähnt. Mit sechs ringsum liegenden, eingemeindeten Dörfern ist Wangen Luftkurort (570 m, 25 700 Ew.).

SEHENSWERTES

Altstadt

Ein Rundgang *(gedruckter Führer im Gästeamt)* lohnt sich unbedingt. Besuchenswert ist der Wochenmarkt, *Mi 7–13 Uhr. Jeden Do, während der Sommersaison auch jeden Di 15.30 Uhr Stadtführung, Treffpunkt Gästeamt*

Mühlen

Insider Tipp

An die einst verbreitete Nutzung von Naturkräften erinnern drei Wassermühlen. Im nahen Amtzell (10 km westlich an der B32) sind die Hagmühle mit Sägewerk (von der Bundesstraße aus zu sehen), die Vogler'sche Hammerschmiede und die Reibeisenmühle zu besichtigen; Voranmeldung im Gästeamt Amtzell. *Tel. 07520/950 12*

Markttag in der Altstadt von Wangen

MUSEEN

Insider Tipp
Badstube
In dem Kreuzgewölbe vermitteln Waschzuber, Kupferkessel und anderes Zubehör ein authentisches mittelalterliches Badeambiente. Im Obergeschoss ist die Städtische Galerie untergebracht. Zugang über den Wehrgang von der Eselmühle. *April–Okt. Di–Fr 14–17, Mi auch 10–12, Sa 10–17, So 14–17 Uhr, Nov.–März geschl., Eintritt 2 Euro*

Eselmühle
Heimat- und Käsereimuseum in einem Gebäude von 1568 *(Eselberg 1)*, Sammlung mechanischer Musikinstrumente *(Vorführung Mi und Sa 15 Uhr)*, Museumsdruckerei *(Eingang Lange Gasse 3a, nur Di 14–17 Uhr)*. Angeschlossen ist das Eichendorff- und das Gustav-Freytag-Museum *(Lange Gasse 1)*. *April–Okt. Di–Fr 14–17, Mi auch 10–12, Sa 10–17, So 14–17 Uhr, Nov.–März geschl., aber jeden Di 15.30 Uhr Führung durch Heimat- und Käsereimuseum sowie Badstube, 2 Euro*

ESSEN & TRINKEN

Blaue Traube
Frische Qualitätsprodukte aus der Region, schwäbische Spezialitäten. *10 Zi., Mo und Di geschl., Zunfthausgasse 10, Tel. 07522/66 27, €*

Fidelisbäck Insider Tipp
Im ganzen Land bekannt: Bäckerei mit Schankwirtschaft, wo man vorzugsweise einen Leberkäs und Laugenhörnle oder heimischen Käse verzehrt. Trotz Honratiorenambientes Treffpunkt für alle. *Sa ab 14 Uhr sowie So und feiertags geschl., Paradiesstr. 3, Tel. 07522/79 59 20, €*

Gasthaus zum Stiefel
Die einfachere Alternative zum Fidelisbäck, nur noch voller. Hier isst

man Göckele (Hähnchen). *So ab 14 Uhr und Mo geschl., Eselberg 6, 07522/38 02, €*

Insider Tipp

Neue Welt
Etwas abgelegen, aber der Name hält, was er verspricht: modern und köstlich zubereitete Gerichte mit ländlichen Produkten, Kräutern und Gewürzen, freundlicher Service. *Reservierung empfohlen, Küche bis 14 und 22 Uhr. Primisweiler (4 km Richtung Lindau), Tettnanger Str. 7, Tel. 07528/70 62, €€*

EINKAUFEN

Käserei Zurwies
Weichkäseproduktion aus Milch nahe gelegener Höfe. Beste Zeit zum Zuschauen gegen 11 Uhr. *Zurwies 11, zwischen Deuchelried und Ratzenried, Di und Sa nachmittags geschl.*

Forellenzucht
Gerhard Sauter verkauft seine Regenbogenforellen direkt aus Quellwasserteichen frisch oder mit Buchensägemehl und Wacholderbeeren geräuchert auf den Märkten in Wangen *(Mi)*, Oberstaufen *(Fr)* und Lindenberg *(Sa)*, aber auch im Hofladen. *Mo–Fr 9–12 und 14.30 bis 17.30, Sa 9–13 Uhr, Pflegelberg 6, Tel. 07528/23 66*

ÜBERNACHTEN

Alte Post
Das stilvoll eingerichtete Haus geht auf das Jahr 1409 zurück. Es war damals Marstall, später Pferdewechselstation der Thurn und Taxisschen Post. *36 Zi. (mit Dependance Postvilla), Postplatz 2, Tel. 07522/975 60, Fax 226 04, €€*

Flair Hotel Vierk
In ruhiger Lage. *29 Zi., Bahnhofsplatz 1, Tel. 07522/931 10, Fax 93 11 88, €€*

FREIZEIT & SPORT

Planwagenfahrten im Juli und August, *(Di und Fr, Anmeldung im Gästeamt)*. Knotenpunkt von Haupt- und Ostroute des Rundwanderweges Donau–Bodensee. Mehrere Badeseen. In Amtzell existiert eine Kletterhalle *Red Rooster*, Wandhöhe 13 m *(Waldburgstr. 21a, Tel. 07520/52 82)*.

AM ABEND

Mitte Juni–Anfang Sept. Do 20–21 Uhr Sommerabendkonzert an der Stadtmauer bei der Eselmühle, jedes Mal mit einer der 12 Wangener Musikkapellen.

kunst design & kneipe

Insider Tipp

Witzige Kombination von Möbelhaus, Kleinkunstbühne, Galerie und Designkneipe. Wein- und Bierseminare, leckere und erschwingliche Candlelightdinners. *Di–Sa 17–24, So 10–24 Uhr, Seestr. 6, Karsee, Tel. 07506/13 15, www.kunstkneipe.de*

AUSKUNFT

Gästeamt
Rathaus, Marktplatz 1, 88239 Wangen i. A., Tel. 07522/742 11, Fax 742 14, www.wangen.de

ZIEL IN DER UMGEBUNG

Schloss Achberg **[116 C4]**

Insider Tipp

Hoch über der Argenschlucht in einem stillen Winkel des Voralpenlandes liegt Schloss Achberg, ein lohnendes Ziel für einen Spaziergang. Das Deutschordensschloss beherbergt Meisterwerke barocker Stuckateurkunst, die jahrhundertelang der Öffentlichkeit verborgen blieben. Von 1989–94 wurde es mustergültig saniert. *Mai–Okt. Fr–So und feiertags 11–18 Uhr, Führungen nach Voranmeldung, weitere Information Landratsamt Ravensburg, Tel. 0751/853 73*

WEILER

[117 D–E 4–5] Der Luftkurort Weiler mit den Ortsteilen Simmerberg und Ellhofen hat kristallklare Höhenluft (632–800 m). Das Amtshaus aus dem Jahr 1681 ist eines der schönsten Rathäuser im Allgäu. Ellhofen war seit 1577 eine Enklave des Deutschen Ritterordens. Die seit dem Mittelalter bekannte Siebersquelle wird wieder therapeutisch genutzt; außerdem Kneipp-, Schroth- und Mayr-Kuren.

SEHENSWERTES

Erratischer Block
Am Rundwanderweg im Ellhofener Moos liegt ein Findling aus der Würmeiszeit.

MUSEEN

Kornhaus
Arbeitsgerät von Bauern und Handwerkern, wechselnde Kunst- und volkskundliche Ausstellungen. *Am Kirchplatz, im Sommer Di und Do 14.30–17, Mi und Sa 10–12 und 14.30–17, So 10–12 Uhr, im Winter geschl., 1 Euro*

Westallgäuer Heimatmuseum
Im ehemaligen Gasthaus zum *Löwen* zeigt man religiöse Volkskunst, Trachten, gotische Plastiken, Bauernstuben, eine Kapelle, die Rothenfelser Krippe sowie Reminiszenzen an die Strohhutindustrie. Ausschank in der alten *Löwen*-Gaststube. *Hauptstr. 1, im Sommer wie Kornhaus, im Winter Mi 10–12 und 14.30–17, Sa und So 10–12 Uhr, 1 Euro*

ESSEN & TRINKEN ÜBERNACHTEN

Adler
Ehemaliges Amtshaus in Ellhofen, 1570 erbaut. *7 Zi., Mi und So ab 14 Uhr geschl., Neideggstr. 1, Tel. 08384/372, €*

Bräustatt und Taferne
Brauereigebäude von 1897 mit beeindruckender Architektur. *Mo–Sa ab 11, So ab 10 Uhr, Ellhofer Str. 3, Simmerberg, Tel. 08387/38 06, €*

Gasthof Engel
Alte Gaststube, Biergarten, je nach Jahreszeit Wildgerichte. *Do ab 14 Uhr und Fr geschl., Am Kirchplatz 5, 08387/Tel. 27 45, €*

Brauerei-Gasthof Zur Post
Der Gasthof besteht seit 1563. *14 Zi., Di, Mi geschl., Fridolin-Holzer-Str. 4, Tel. 08387/10 70, €*

Sport-, Kur- und Tennishotel Tannenhof
Breit gefächertes Sport- und Gesundheitsangebot. Neues Therapie- und Rehabilitationszentrum. *41 Zi., und Suiten, Lindenberger Str. 33, Tel. 08387/12 35, Fax 16 26, www.tannenhof.de, €€€*

Gasthaus zur Traube
Allgäuer Spezialitäten in dem behäbigen Haus mit Walmdach. *So ab 14 Uhr und Mo geschl., Hauptstr. 1, Tel. 08387/991 20, Fax 991 21,* €€

EINKAUFEN

Insider Tipp
Bäckerei Rieser
Für das leckere Backwerk kommen die Leute von weit her in den brombeerfarben geschindelten Laden mit heimeligem Café. *Mo–Fr 6.30–18, Sa 6.30–12.30 Uhr, Simmerberg, Alte Salzstr. 35*

Töpferwerkstatt
Back- und spülmaschinenfeste Gebrauchskeramik in klassischen Formen von Ursula Schmid-Mielzarek. *Nur Do und Fr 14.30–18 Uhr, Simmerberger Str. 2, Tel. 08387/12 19*

AUSKUNFT

Kur- und Verkehrsamt
Hauptstr. 14, 88171 Weiler, Postfach 11 44, Tel. 08387/391 50, Fax 391 53, www.weiler-tourismus.de

WOLFEGG

[110–111 C–D6] Der Luftkurort an der Oberschwäbischen Barockstraße (3100 Ew., 700 m) trägt den Charakter einer kleinen Residenz mit einer kulturellen Vielfalt, an der sich manche Stadt nicht messen kann.

SEHENSWERTES

Alte Pfarr
Die ehemals romanische, bereits 861 erwähnt Kirche wurde im 18. Jh. säkularisiert, als Stallgebäude genutzt und vor 15 Jahren liebevoll und stilecht restauriert *(nur zu Veranstaltungen z. B. Wintermusik Silvester-Dreikönig geöffnet).*

Loretokapelle
Auf einem Moränenhügel an der Straße nach Rötenbach, 1668 von Graf Max Willibald gestiftet, mit einer Wallfahrtsmadonna aus Zedernholz. Herrlicher Alpenblick.

Pfarrkirche St. Katharina
Reich ausgestattete ehemals fürstliche Stiftskirche. 1733–42 von Johann Georg Fischer erbaut; Stuckateur war der Wessobrunner Johann Schütz. Bilder des Hochaltars und des rechten Seitenaltars stammen von dem Rubensschüler Caspar de Crayer; außerdem schöne Grabmäler. *Schlossplatz*

Renaissanceschloss
Die vierflügelige Anlage mit Ecktürmen wurde 1580–83 auf dem Gelände einer Burg erbaut. Die noch von den Fürsten zu Waldburg-Wolfegg und Waldsee bewohnten Räume können nur besichtigt werden, wenn Veranstaltungen stattfinden, beispielsweise während der weit über die Region hinaus renommierten ★ Internationalen Wolfegger Konzerte (jeweils am letzten Wochenende im Juni) oder während der Internationalen Festspiele Baden-Württemberg (als Seitenstrang der Ludwigsburger Festspiele) im September. Der Rittersaal des Wolfegger Schlosses zählt mit seinen 24 monumentalen Holzskulpturen und dem mächtigen Deckenspiegel zu den originellsten Raumschöpfungen der Barockzeit im deutschsprachigen Bereich.

Durch die Kugel gesehen: das Bauernhausmuseum von Wolfegg

MUSEEN

Automobilmuseum

★ Der Automobiltester Fritz B. Busch zeigt in zwei historischen Gebäuden auf 3000 m² ein Oldtimerparadies. *Schlossplatz, 15. März–15. Nov. Mo–Sa 9–12 und 13–18, So 9–17, im Winter nur So 9–17 Uhr, 4 Euro*

Bauernhausmuseum

Prächtige Bauten aus dem südlichen Oberschwaben und dem Westallgäu. Vorführungen alter Techniken, Museumsfeste. *Weingartener Str. 11, April–Okt. Di–So 10–18 Uhr, 3 Euro*

ESSEN & TRINKEN ÜBERNACHTEN

Museumsgaststuben Fischerhaus

Wirtschaft des Bauernhausmuseums mit Erzeugnissen der schwäbischen Küche. *Mo geschl., Tel. 07527/51 50, €*

Gasthof zur Post

Speiselokal mit Biergarten und Most vom Fass. Modernes Gästehaus im Teilort Alttann. *35 Zi., Di geschl., Rötenbacher Str. 5, Tel. 07527/961 40, Fax 96 14 66, €*

AUSKUNFT

Wolfegg Information

Rötenbacher Str. 13, 88364 Wolfegg, Tel. 07527/96 01 51, Fax 960 17 08, www.wolfegg.de

ZIEL IN DER UMGEBUNG

Waldburg **[116 C1]**

★ Ein Ausflug auf die Waldburg im gleichnamigen Ort gehört (vor allem für Familien mit Kindern) zu den besonderen Ferienerlebnissen. Auf einer Moränenkuppe im Altdorfer Wald errichtete das Geschlecht derer von Waldburg im 12. Jh. seinen Stammsitz. Seitdem blieb der Bau fast unverändert, die Innengestaltung stammt aus dem 16. Jh. Heute ist die Burg lebendiges Kulturzentrum, Museum und Aussichtspunkt. *April–Okt. tgl. 10 bis 17 Uhr, Programm und Auskünfte beim Burgkastellan, Tel. 07529/ 91 11 20*

BAD WURZACH

[111 D–E4] Das Landstädtchen mit Residenzcharakter hat sich zum Moorheilbad entwickelt (14 100 Ew., 650–800 m). Der Kurbetrieb begann, als den Armen Schulschwestern im Kloster Maria Rosengarten 1935 erlaubt wurde, kranke Schwestern der Kongregation mit Moor zu heilen. Im Kurgebiet Reischberg ist das Gesundheitszentrum Vitalium mit Thermalbad eröffnet worden.

SEHENSWERTES

Leprosenhaus

Ehemaliges Siechenhaus aus dem 13. Jh. mit Galerie des »Moormalers« Sepp Mahler. *Ravensburger Str., am Leprosenberg, April–Okt. Fr, So und feiertags 14–17 Uhr*

Sakrale und monumentale Architektur

Sehenswert sind: das barocke Treppenhaus mit Deckenfresko im Residenzschloss *(Marktstr.)*, die Rokokohauskapelle des Klosters Maria Rosengarten *(Moorheilstätte, Rosengarten 3–6)*, die klassizistische Stadtpfarrkirche St. Verena *(Schulstr.)* und die barocke Wallfahrtskirche Gottesberg *(Gottesbergweg)*.

Wurzacher Ried

★ Das Wurzacher Ried ist mit 14 km² das wahrscheinlich größte intakte Hochmoor Mitteleuropas. Regelmäßige Führungen. *Ausstellung im Naturschutzzentrum, Mo, Mi, Fr 10–12, So–Do 14–17, Rosengarten 1, Tel. 07564/931 20*

ESSEN & TRINKEN ÜBERNACHTEN

Hotel-Gasthof Adler

Koch Bernhard Gut bereitet köstliche Linsen mit Spätzle zu und hat so ausgefallene Gerichte wie Schwäbisch-Hällisches Landschwein auf seiner Speisekarte. *18 Zi., Mi geschl., Schlossstr. 8, Tel. 07564/930 30, Fax 93 03 40,* €

Bauernjörg

Traditionsgaststätte, heimische Küche, reichliche Portionen. *Mi geschl., Schulstr. 6, Tel. 07564/93 64 36,* €

AUSKUNFT

Städtische Kurverwaltung

Mühltorstr. 1, 88410 Bad Wurzach, Tel. 07564/30 21 50, Fax 30 21 54, www.bad-wurzach.de

ZIELE IN DER UMGEBUNG

Familien mit Kindern ist der Alpakahof **[111 D5]** mit seinen exotischen Tieren zu empfehlen *(tgl. 9–19 Uhr, Haid 3, etwa 7 km, von Ziegelbach an ausgeschildert)*. Im Pfarrhof von Eggmannsried **[111 D3–4]** *(etwa 8 km)* ist ein Museum für klösterliche Kultur, Ordenstrachten und Krippen zu besichtigen *(April–Okt. Sa 14–17, So 10–12 Uhr, werktags nach Vereinbarung, Tel. 07564/27 53)*.

Die Alpen vor dem Fenster

Die hohen Berge ziehen die meisten Besucher an

Manche betrachten das Oberallgäu als das eigentliche Allgäu. Kein Wunder: gurgelnde Bäche, steile Felswände, klare Bergseen, sattgrüne Alpenwiesen, schneebedeckte Gipfel, weiß-blaue Himmelidylle pur. Das wiederum hat zur besten touristischen Infrastruktur im Allgäu geführt, die weitere Touristen angezogen hat. Über diesem Zielkonflikt wird in den Rathäusern gebrütet. Dennoch wünscht man sich hier, wo noch zu Beginn des 20. Jhs. als Todesursache oft »verhungert« eingetragen wurde, die alten Zeiten nicht zurück. Man sucht den Kompromiss zwischen Wohlstand mit Tourismus und Umweltschutz.

Zum Oberallgäu zählen auch das Kleinwalsertal und die Enklave Jungholz. Beide gehören zu Österreich, sind aber vom Mutterland nur auf Fußpfaden zu erreichen. Als so genannte Zollanschlussgebiete werden sie zollrechtlich als deutsches Inland behandelt, haben jedoch eine deutsche und eine österreichische Postleitzahl sowie zwei Telefonvorwahlnummern für Anrufe aus Deutschland oder aus Österreich. Das sonnige Breitach-Hochtal (1100–1250 m) ist um 1300 von Auswanderern aus dem schweizerischen Wallis urbar gemacht worden, was Sprache, Folklore und Trachten noch heute erkennen lassen.

Zahllose touristische Angebote gibt es in Oberstdorf

FISCHEN/ HÖRNERGRUPPE

[122–123 C–D 2–3] Fischen gehört zu den beliebtesten Allgäuer Ferienregionen, weil die Natur keinen Wunsch von Wanderern, Skifahrern, Bikern, Kurgästen und vor allem von Kindern unerfüllt lässt. Der heilklimatische Kurort im oberen Illertal (761 m) zählt 2900 Ew. und 1000 Gästebetten. Früher war er ein Zentrum der Flachs- und Leinenweberei. Bemerkenswert ist das Kurhaus Fiskina (unter diesem Namen wird Fischen um 906 erstmals erwähnt). Fischen ist Sitz der Verwaltungsgemeinschaft Hörnergruppe mit den Gemeinden Ofterschwang, Bolsterlang, Obermaiselstein und Balderschwang. Sennereien produzieren in Hüttenberg und Schweineberg. Von Obermaiselstein führt die Riedbergpassstraße, die höchste Alpenstraße Deutschlands (1420 m), nach Bal-

Wandern gehört zum Allgäu: am Hörnerhaus bei Fischen

derschwang (1044 m), einem Bergbauerndorf (287 Ew.) mit sieben Sennalpen.

SEHENSWERTES

Illerursprung

Zwischen Fischen und Oberstdorf vereinigen sich eindrucksvoll Trettach, Stillach und Breitach zur Iller, die nach 147 km bei Ulm in die Donau mündet. Erklärungen liefert ein Wasserlehrpfad am östlichen Ufer zwischen Fischen und Sonthofen.

Sturmannshöhle

Der ursprüngliche Name der Höhle, »Sturmatzloch«, etwa eine halbe Stunde von Obermaiselstein entfernt, bedeutet im Mittelhochdeutschen soviel wie »Lärm, Getöse«. Das Tosen kommt von einem Bach am Grund dieser einzigen Schauhöhle des Allgäus. Wassertemperatur: ca. 4 Grad. *Jan.–April tgl. 11–16, Mai–Okt. 9.30–16 Uhr, Nov. und Dez. geschl., 3 Euro*

ESSEN & TRINKEN

Grundbachstuben

Gute Küche, angenehme Umgebung mit Terrasse. *Mi geschl., Kurhaus Fiskina, Tel. 08326/249, €€*

Höflealp

Insider Tipp

In Balderschwang, im Skigebiet Hochschelpen, zu Fuß erreichbar. Die beiden Gaststuben betritt man durch die Küche. Gegen 17 Uhr wird geschlossen, da muss das Vieh versorgt werden. Im Sommer nur Getränke und Verkauf selbst gemachten Bergkäses, Do Hüttenabend auf Anmeldung. *Tel. 08328/321, €*

Gasthof Restaurant Krone

In einem der ältesten Gasthäuser des Oberallgäus, einer bereits 1508 erwähnten Mühle, wird bodenständige Küche mit Fischspezialitäten zu moderaten Preisen gepflegt. *11 Zi., Mo geschl., Auf der Insel 1, Tel. 08326/287, €€*

ÜBERNACHTEN

Insider Tipp

Allgäuer Berghof

Erstes »Familotel« einer inzwischen ausgebauten Kooperation, abseits auf 1206 m oberhalb von Ofterschwang gelegen. Kinderbetreuung, Spielgelände, Erlebnisbad. *86 Zi. und Apartments, Alpe Eck, Blaichach-Gunzesried, Tel. 08321/80 60, Fax 80 62 19, €€*

Berwanger Hof

Angenehm familiäre Atmosphäre in rustikal eingerichtetem Haus. Neu gestaltetes Gästehaus »Zum Heuwirt«. *25 Zi., Obermaiselstein, Niederdorf 11, Tel. 08326/363 30, Fax 36 33 36, €€*

Landhaus Schmid

Pension mit geräumigen Zimmern und Ferienwohnungen, Sauna, Solarium, Fitnessraum. *Fischen, Weiler 12, Tel. 08326/289, €*

Hotel & Resort Sonnenalp

Vom Feinsten und Teuersten. Golfplatz, Reiten, Loipe am Hotel, Bäderabteilung. *209 Zi., Ofterschwang, Tel. 08321/27 20 und 272 29, Fax 27 22 42, €€€*

Sonnenbichl Hotel am Rotfischbach

Dem Haus mit komfortablen Zimmern ist das Kneipp-Sanatorium Birkenhang angeschlossen. Wellnessbereich. *42 Zi., Langenwang, Sägestr. 19, Tel. 08326/99 40, Fax 99 41 80, €€*

Kur- und Sporthotel Tanneck

Das gediegene Haus bietet gesundheitsorientierte Küche sowie spezielle Angebote, darunter auch Urlaub mit Computer. *65 Zi. und Ferienwohnungen, Maderhalm 20, Tel. 08326/99 90, Fax 99 91 33, €€€*

FREIZEIT & SPORT

Sportpark in Richtung Maderhalm. Schlauchboot- und Kanufahren auf der Iller. Ausgangspunkt für die Skigebiete Ofterschwanger Horn, Hochschelpen, Riedberger Horn und Grasgehren. Im vergleichsweise schneesichereren Balderschwang Beginn der Grenzlandloipe nach Hittisau. In Bolsterlang Hörnerbahn, Sesselbahn in zwei Sektionen bis 1540 m. *Tel. 08326/90 91*

MARCO POLO Highlights »Oberallgäu«

★ **Aufs Nebelhorn**
Von der Bergstation eine Fußwanderung (Seite 59)

★ **Breitachklamm**
Wunder der Erdgeschichte (Seite 57)

★ **Fahrt aufs Fellhorn**
An Kombiticket mit der Nebelhornbahn denken! (Seite 59)

★ **Heini-Klopfer-Schanze**
Die Aussicht der Skispringer genießen (Seite 57)

AUSKUNFT

Verkehrsämter
Am Anger 15, 87538 Fischen, Tel. 08326/364 60, Fax 36 46 56, www.fischen.de. Langenwang: *Tel. 08326/18 21.* Obermaiselstein: *Am Scheid 18, Tel. 08326/277, Fax 94 08, www.obermaiselstein.de.* Bolsterlang: *Im Rathaus, Tel. 08326/83 14, Fax 94 06, www.bolsterlang.de.* Balderschwang: *Haus Nr. 16, Tel. 08328/10 56, Fax 265, www.balderschwang.de.* Ofterschwang: *Rathaus Sigishofen, Tel. 08321/890 19 und 821 57, Fax 897 77, www.ofterschwang.de*

Bad Hindelang/ Oberjoch

[123 E2] Die Ortsbezeichnung Bad Hindelang steht für ein großes alpines Gebiet mit vielen Erholungs-, Sport- und Abenteuermöglichkeiten. Bad Hindelang (5000 Ew.) ist zwar eines der großen touristischen Zentren im Allgäu, lässt dies aber nicht im Mindesten erkennen. Im breiten Ostrachtal liegen auf etwa 720–860 m Höhe die Orte Vorderhindelang, Bad Hindelang, Bad Oberdorf und Hinterstein. Der Hauptort Bad Hindelang ist Verwaltungs- und kulturelles Zentrum. Das dörflich gebliebene Bad Oberdorf verdankt sein Prädikat der Schwefelquelle, die im Hotel *Prinz-Luitpold-Bad* genutzt wird. Hinterstein wird das »Bergsteigerdorf« genannt, da es keinen Durchgangsverkehr gibt. Von Bad Hindelang und Bad Oberdorf geht es die ausgebaute Jochstraße, auf der früher Autorennen ausgetragen wurden (106 Kurven, Kanzel), zum Oberjoch mit dem gleichnamigen Dorf hinauf, das sich wegen seiner Höhe (1132 m) zu einem sportbetonten Hotelort entwickelt hat. Neue touristische Zielgruppe sind Allergiker; für sie gibt es drei Kliniken. Nördlich von Ober-

Auch abschüssige Wiesen müssen bearbeitet werden

joch liegt das ruhige Dorf Unterjoch im Wertachtal. Bad Hindelang realisiert ein umfassendes Umweltprogramm.

SEHENSWERTES

Erlebnis-Sennerei
Direktvermarktung mit Käsküche und Probierstube auf dem Haflingerhof, Ferienwohnungen. *Alpe Kematsried (1200 m) über Oberjoch, Ornachstr. 29, Tel. 08324/76 98*

Hammerschmieden
Im Ostrachtal bei Bad Oberdorf. Das im Hintersteiner Tal gewonnene Erz wurde bereits im 16. Jh. an der Ostrach zu Töpfen und Waffen verarbeitet, heute werden landwirtschaftliche Geräte und Eisenpfannen hergestellt. *Albert Scholl, Tel. 08324/581, und Franz Scholl, Tel. 08324/12 30*

MUSEEN

Friedenshistorisches Museum
Das Friedensmuseum porträtiert Menschen von Antike bis Gegenwart, die vorbildlich für Frieden und Versöhnung eingetreten sind. *Bad Oberdorf, Hindelanger Str. 20, 15. Juli–15. Sept. Di–So 15–18 Uhr und nach Vereinbarung, Tel. 0700/36 25 88 00, Eintritt frei*

Kutschenmuseum
Bezaubernde Atmosphäre. *15 Min. von Hinterstein, tgl. 8–20 Uhr, Spende erbeten*

ESSEN & TRINKEN

Chesa Schneider
Im Hotel *Sonne,* historisches Ambiente, Schweizer, Allgäuer und internationale Spezialitäten. *Tgl., Bad Hindelang, Marktstr. 15, Tel. 08324/89 70,* €€€

Gailenberger Stuben
Schönes Ausflugsziel, Bauernhaus aus dem 18. Jh., Allgäuer Gerichte. *Gailenberg, So abends und Mo geschl., Tel. 08324/25 33,* €

Moorhütte
Rustikale Einkehr für Wanderer und Skiläufer. Insbesondere bei Hüttenabenden urig. *Mo–Mi 10 bis 17, Do–Sa 10–22 Uhr, Oberjoch, Tel. 08324/72 49,* €

Gasthaus Obere Mühle
In einer Mühle von 1599 Grillspezialitäten, frische Forellen. Mit Schaukäserei und Heimatmuseum. *Tgl. außer Di und Do 17–24 Uhr, Stubenmusik, Ostrachstr. 40, Bad Oberdorf, Tel. 08324/28 57,* €€€

EINKAUFEN

Kunsthandwerk
Zugschellen in Bad Hindelang beim Schellenschmied Benedikt Beßler *(Gailenbergstr. 10, Tel. 08324/28 68)* und bei Wilhelm Beßler jun. *(Hintersteiner Str. 28, Tel. 26 31)*; Sämisch- und Pelzgerberei Eberhart *(Hindelanger Str. 29, Bad Oberdorf, Tel. 08324/20 81 und 20 82)*. Mehrere Galerien.

ÜBERNACHTEN

Alpenhotel
Sport- und Kurhotel der Nobelklasse, daneben Alpenklinik: Gesundheitszentrum und Fachklinik für Allergien, Atemwegserkrankungen und innere Medizin; Naturheilverfahren. *270 Zi., Am Prinzen-*

wald 3, Oberjoch, Tel. 08324/ 70 90, Fax 70 92 00, **€€€**

Du-Familotel Krone

Der Name muss erklärt werden: In der *Krone* sagen alle »Du« zueinander. Familienorientiert. Haflinger-Ponyhof. *47 Zi. sowie Ferienwohnungen in der Nachbarschaft, Sorgschrofenstr. 2, Unterjoch, Tel. 08324/98 20 10, Fax 982 01 99,* **€–€€**

Hotel Lanig

Das 1935 eröffnete bescheidene *Café Lanig* ist zum Komforthotel in Panoramalage geworden. *35 Zi. und Suiten, Oberjoch, Tel. 08324/70 80, Fax 70 82 00,* **€€€**

Prinz-Luitpold-Bad

1864 erbaut, verkörpert den Typ des Grandhotels in den Bergen; sehr gepflegte Bäderabteilung mit Moor und Schwefelmineralquelle. *112 Zi., Bad Oberdorf, Tel. 08324/89 00, Fax 89 03 79,* **€€€**

Landhaus Schenk

Stilvolles Ambiente, edel, sympathisch. *8 Zi. und Apartments, Winkelleitenweg 10, Bad Oberdorf, Tel. 08324/931 30, Fax 93 13 33,* **€€**

FREIZEIT & SPORT

Familienwanderweg mit 14 Spielstationen unterwegs, Bad Hindelanger Kinderprogramm, neuer Kneipp-Kurgarten in Hinterstein.

AUSKUNFT

Kurverwaltung

Am Bauernmarkt, 87541 Bad Hindelang, Tel. 08324/89 20, Fax 80 55. Hindelanger Blütentelefon (Auskünfte für Allergiker und Botaniker) Tel. 08324/892 21; im Winter unter dieser Nummer Hinweise auf Winterwanderungen. *Schneetelefon 80 81, www.bad-hindelang.de*

ZIEL IN DER UMGEBUNG

Jungholz **[119 F5]**

7 km^2 Österreich liegen im Oberallgäu. Die Enklave auf 1058 m mit den Ortsteilen Gießenschwand, Langenschwand und Habsbichl zählt etwa 300 Ew., 1000 Gästebetten, einen Wintercampingplatz und drei unübersehbare Filialen österreichischer Geldinstitute. Der einzige Weg direkt ins Mutterland führt über den Sorgschrofen (1638 m), wo die Enklave auf ein paar Meter mit Tirol verbunden ist. Auf Wanderungen oder nach dem Skilaufen gern besucht wird die Schrofen-Hütte *(Mai–Nov. Mi geschl., Jungholz 111, Tel. 08365/82 12,* **€***).* Insider Tipp Edelrustikal übernachten kann man im *Vital-Hotel Tirol (86 Zi., Tel. 08365/81 05, Fax 82 10,* **€€€***).* Der Ort bietet ein beheiztes Freibad, Kurse beim Holzschnitzer und sechs Lifte zu den Pisten des Sorgschrofen-Gebietes, das ebenso wie das nahe Oberjoch meistens genügend Schnee hat. *Verkehrsamt im Gemeindehaus, 87491 Jungholz (Post aus Österreich: 6691), Tel. 08365/ 81 20 (Vorwahl von Österreich 05676)*

IMMENSTADT

[118 C5] Eine lebhafte Kleinstadt zu Füßen steil aufsteigender Berghänge auf 728 m Höhe. Zu Immenstadt (14 000 Ew.) zählen die Erholungsorte Akams, Eckarts, Knottenried-Diepolz, Rauhenzell und Stein, alles

Alle Wassersportmöglichkeiten gibt es am Großen Alpsee bei Immenstadt

in allem 42 Dörfer und Weiler in malerischer Allgäulandschaft. Mitten drin liegt der Alpsee mit kaltem Bergwasser, an und auf dem sich im Sommer alles tummelt. Anerkennung fand die Stadt für die Renaturierung des Skigebiets Gschwender Horn.

SEHENSWERTES

Burgruinen

Laubenbergerstein aus dem 11. Jh., *Rothenfels* und *Hugofels, Rauhlaubenberg, Werdenstein* und der Burgstall *Alt-Wörthenstein.* Zu den Burgruinen führt die »Immenstädter Burgenwanderung«.

Kirchen

In Bühl am Alpsee ist eine interessante Kombination verschiedener Kirchen zu besichtigen: die *Pfarrkirche St. Stephan,* darunter die *Gruft-* oder *Unterkirche* mit einer Nachbildung des Heiligen Grabes in Jerusalem, daneben die *Maria-Loreto-Wallfahrtskapelle* und die *Annakapelle.*

Sternwarte

In Knottenried hat sich die Oberallgäuer Sternwarte etabliert. *Treffen jeden 1. und 3. Fr im Monat, Tel. 08323/516 84*

MUSEUM

Museum Hofmühle

Die ehemals gräfliche Hofmühle, ein stattliches Baudenkmal mit über 1000 m^2 Ausstellungsfläche zur Stadtgeschichte, erhielt den Schwäbischen Museumspreis. Besonders sehenswert ist die Abteilung »Immenstadt im Industriezeitalter« mit einer historischen Textilmaschine, einem Industrieroboter und anderen funktionsfähigen Exponaten. *Mi–So 14–17 Uhr, An der Ach 14, 2 Euro*

ESSEN & TRINKEN ÜBERNACHTEN

Hotel Bergstätter Hof

Ambitionierte Küche in kultiviertem Ambiente, das in der Abgeschiedenheit überrascht. *21 Zi., Mo geschl., Knottenried, Tel. 08323/ 92 30, Fax 923 46, €€€, Hotel €*

Terrassenhotel Rothenfels

Zwar geht unten die Straße entlang, aber das Panorama über dem Alpsee ist bezaubernd. Wer beim Betreten durch ein Bullauge Beine zappeln sieht, leidet nicht an einer Halluzination, sondern beobachtet einen Tauchkurs. *31 Zi., Missener Str. 60, Tel. 08323/91 90, Fax 91 91 91, €€*

Strandcafé Wegele

In den mit Gewebtem, Gestricktem und Gehäkeltem liebevoll dekorierten Räumen fühlt man sich wie beim privaten Kaffeekränzchen von anno dazumal. *Bühl am Alpsee, €*

EINKAUFEN

Flaschengeist

Kleine Oase für Kenner und Genießer von edlem Hochprozentigem; ebenso verkauft Christoph Blees Wein, Öl, Essig und dazu passende Gefäße. *Bahnhofstr. 25*

Metzgerei Rehle

Von der Zeitschrift »essen & trinken« zur teuersten und besten Metzgerei im Land gekürt. Ob Wienerle, »Geschwollene« (Bratwürste), Weißwürste, Brät- und Leberknödel oder Leberkäs sowie geräucherte Spezialitäten – hier lässt sich Proviant satt holen. *Marienplatz 15*

FREIZEIT & SPORT

Strandbad am Großen Alpsee, Bootsverleih, Surfen, Segeln. Beheiztes Freibad am Kleinen Alpsee. Wasserskilift im Inselsee. Sesselbahn in zwei Sektionen zum Mittaggipfel (1450 m).

AUSKUNFT

Gästeinformation

Marienplatz 3, 87509 Immenstadt, Tel. 08323/91 41 76, Fax 91 41 95; Gästeamt im benachbarten Luftkurort Bühl, *Seestr. 5, Tel. 08323/91 41 78, Fax 89 96, www.immenstadt.de*

KEMPTEN

[119 D2] Kempten (646–945 m, 62 000 Ew.) gilt als die älteste beurkundete Stadt Deutschlands. Bereits der griechische Geograf Strabon (um 63 v. Chr.) nennt eine keltische Stadt *Kambodounon* (Bezeichnung für Burg oder Siedlung an einer Flusskrümmung). Um 15 v. Chr. entstand auf dem Lindenberg die römische Stadt *Cambodunum,* Zentralort der Provinz Rätien. In der Zeit, da die Mönche Magnus und Theodor von St. Gallen aus das Christentum verbreiteten, wurde um 752 ein Benediktinerkloster gegründet, das als adliges Fürststift zum Ursprung der geistlichen Hälfte Kemptens wurde. Die weltliche Hälfte, die Bürgerstadt, erhielt 1289 die Reichsfreiheit. Jahrhundertelang prägte Rivalität die Geschichte dieser nach der Reformation auch konfessionell gegensätzlichen Doppelstadt. Erst nachdem im Jahr 1803 die beiden feindlichen Stadtgebilde bayerisch geworden waren, wurden die Reichsstadt am Ufer der Iller und die höher gelegene Stiftsstadt vereinigt. Die wirtschaftliche Entwicklung zu einer blühenden Metropole des Allgäus (62 000 Ew.) tat ein Übriges. Der erste Dieselmotor der Welt wurde 1898 in der Kemptener Zündholzfabrik in Betrieb genommen. *Kostenlose Stadtführung ganzjährig Sa 11 Uhr, Treffpunkt Burgstraße, Aufgang zur Burghalde, Kinderstadtführung Mai–Okt. jeden 2. Sa 11 Uhr*

SEHENSWERTES

Fürstäbtliche Residenz
Die empfehlenswerte Führung durch die Prunkräume bereichert den kunstgeschichtlichen Horizont. *April–Sept. Di–So 9–16, Okt. Di–So 10–16, Nov.–März Sa 10–16 Uhr, Residenzplatz 4/6, Gruppenführungen beim Heimatverein Kempten, Tel. 0831/12 84*

St.-Lorenz-Basilika
Im 17. Jh. von dem Vorarlberger Michael Beer und dem Graubündner Johann Serro erbaut, starker oberitalienischer Einfluss; Gabelkreuz um 1350. *Stiftsplatz*

MUSEEN

Allgäu-Museum
Didaktisch modernes Heimatmuseum im historischen Kornhaus. Beispielsweise kann man die verschiedenen Allgäuer Dialekte vergleichen. Ein »Kinderpfad« schafft Verweilpunkte. Im Kunstgewölbe ein Überblick über das regionale Kunstschaffen seit dem 19. Jh. Museumscafé *Arte* und Räume für Veranstaltungen. *Di–So 10–16 Uhr, Großer Kornhausplatz 1, 2,50 Euro*

Alpinmuseum
Im Marstall Alpenländische Galerie, insbesondere sakrale Kunst der Spätgotik, und Alpinmuseum mit Dokumentation zur Erschließung der Alpen. *Di–So 10–16 Uhr, Landwehrstr. 4, 2,50 Euro*

Prunkvolle Verzierungen an der Fürstäbtlichen Residenz

Insider Tipp

Archäologischer Park

Der Archäologische Park Cambodunum (APC) umfasst nördlich der Alpen einzigartige Funde, Ausgrabungsstücke und Rekonstruktionen des gallorömischen Tempelbezirks, ferner in einem Ausstellungsbau 300 m weiter kleine Thermen sowie Teile des Forums. *Mai–Okt. Di–So 10–17, Nov./Dez. und März/April Di–So 10–16.30 Uhr, Eintritt 3 Euro, kostenlose Führung So und feiertags 11 Uhr, Brotbacken mit Gruppenführung und römischem Imbiss sowie Abendführung gegen Honorar, Auskunft Stadtarchäologie, Tel. 0831/57 42 50; APC, Cambodunumweg 3 (über dem östlichen Illerufer)*

Burgen im Allgäu

Ständige Ausstellung des Allgäuer Burgenvereins mit 60 Rekonstruktionen. *So 10–12 Uhr, am 1. So im Monat auch 14–16 Uhr, Westendstr. 21, 2. Stock, Eintritt frei*

Römisches Museum

Ausgrabungsfunde im klassizistischen Zumsteinhaus, in den Obergeschossen Naturkundemuseum mit geologischen Informationen. *Di–So 10–16 Uhr, Residenzplatz 31, 2 Euro*

ESSEN & TRINKEN

Haubenschloss

Elegantes Restaurant mit internationaler und regionaler Küche. Café mit eigener Konditorei in einem ehemaligen Landschlösschen. Gartenterrasse. *Mo geschl., Haubenschlossstr. 37, Tel. 0831/235 10,* €€

M & M

Wohltuendes Ambiente im Gourmetrestaurant von Michael und Margaret Mehner, steirische Küche. Spezialität: Knödel aller Art. Reservierung empfohlen. *Sa mittags, So und Mo geschl., Mozartstr. 8, Tel. 0831/263 69,* €€€

In der Altstadt vom Kempten

Osteria Antica
Kreative italienische Küche aus erster Hand im *Landhotel Hirsch*, das ebenfalls gelobt wird. Biergarten. *Mo–Do mittags geschl., Lenzfrieder Str. 55, Tel. 0831/57 40 00, €€, Hotel €*

Tableau
Ein Restaurant und Bistro, das aus dem Rahmen des Üblichen fällt: bodenständige Gourmetküche und dennoch ganz lockere Atmosphäre. Den Köchen kann man zuschauen. Gartenrestaurant. Hin und wieder gibt es Veranstaltungen. *Di–Fr 11–14 und 17.30–24 Uhr, Sa–Mo geschl., Fischersteige 6, Tel. 0831/ 286 59, €€*

EINKAUFEN

Im Illertor breitet sich nicht nur eine märchenhafte Puppenwelt aus, sondern es sind auch Geschenke und Miniaturen zu haben. *Illerstr. 1*

Wochenmarkt
Buntes Markttreiben herrscht in der Markthalle am Königsplatz, im Sommerhalbjahr auf dem Hildegardplatz. *Jeden Mi und Sa 7 bis 13.30 Uhr*

ÜBERNACHTEN

Fürstenhof
Über 350 Jahre lang wohnten hier gekrönte Häupter. Um 1600 wurde das Haus als Patrizierpalast umgebaut. Angeschlossen ist der Londoner Hof mit prachtvoller Rokokofassade. Zimmer altenglisch oder italienisch ausgestattet. Bar im Gewölbekeller. *73 Zi., Rathausplatz 8, Tel. 0831/253 60, Fax 253 61 20, €*

FREIZEIT & SPORT

In Stadtnähe (östlich der Iller) liegt der Engelhalde-Park, ein Erholungsgelände mit Feuchtbiotop. Schlittschuhbegeisterte treffen sich im Eisstadion *(Mitte Sept.–Mitte März, Memminger Str. 137, Tel. 0831/ 986 68)*.

AM ABEND

Theater
Jährlich etwa 70 Gastspiele von Tourneebühnen oder Orchestern im traditionsreichen Stadttheater. Bereits seit 1654 wird der reichsstädtische Salzstadel aus dem 14. Jh. als Theater genutzt *(Theaterstr., Auskünfte Tel. 0831/ 253 88 30)*. Veranstaltungen in der Freilichtbühne *(Burghalde)*.

AUSKUNFT

Verkehrsamt
Hier sollte man sich den Cambodunum-Pass mit einigen Gutscheinen für freien Eintritt in Museen geben lassen. *Rathausplatz 24, 87435 Kempten, Tel. 0831/194 33 37, Fax 252 54 27, www.kempten.de*

ZIELE IN DER UMGEBUNG

Buchenberg [118–119 C–D3]
Der Luftkurort auf ungefähr 900 m Höhe (4000 Ew., 4 km entfernt) bietet ländlichen Urlaub in 52 Weilern oder Einöden. Die Straße über den Buchenberg wurde schon von den Römern angelegt, Karrenspuren in der Pflasterung sind bei der Klamm (in Richtung Isny) noch heute sichtbar. Mehrere Kirchen lohnen das Hineinschauen: die klassizistische Pfarrkirche St. Magnus

in Buchenberg, die Filialkirchen St. Sylvester in *Eschach*, die Filialkirche St. Nikolaus in *Wirlings* mit einer Schnitzgruppe der Hl. Ursula um 1470 und die Pfarrkirche St. Martin in *Kreuzthal* mit einem Taufstein aus der Zeit um 1500. Einkehren kann man in *Haase's Gasthof Adler (22 Zi., im Winter Mo geschl., Lindauer Str. 15, Tel. 08378/920 10, Fax 75 91, €)*, im *Hotel Schwarzer Bock* mit Tennishalle, Pool und Loipe *(27 Zi., Hölzlers 169, Tel. 08378/940 50, Fax 94 05 20, €€)* oder im großzügigen *Landgasthaus Sommerau* im Naturpark *(38 Zi., Sommerau, Eschacher Str. 35, Tel. 08378/940 93 0, Fax 940 93 60, €€)*. Ein Radweg führt über die alte Bahnstrecke Kempten–Isny. Im Januar wird in Buchenberg das interessante Internationale Schlittenhunderennen ausgetragen. *Start/Ziel: Ortsrand Buchenberg-Bechen. Information: Verkehrsamt Rathaussteige 2, 87474 Markt Buchenberg, Tel. 08378/92 02 22, Fax 92 02 23*

Insider Tipp

Weitnau/Wengen **[118 B3–4]**
Die beiden Hauptorte der 5200 Ew. zählenden Marktgemeinde etwa 15 km entfernt liegen im Erholungsgebiet Sonneck (800–1243 m). Sehenswert sind die gut erhaltene Burgruine Altrauchburg bei Kleinweiler und die gotische Pfarrkirche St. Ulrich mit frühbarocker Ausstattung in *Rechtig*, und die Rokokopfarrkirche St. Stephanus in *Hellengerst*. Die neugotische Kirche St. Pelagius in Weitnai ist schon wegen ihrer Ausmalung eine der qualitätsvollsten dieser Stilrichtung. Übernachten können Sie in Weitnau im *Goldenen Adler*, dem ehemaligen Amtshaus der Herrschaft Hohenegg *(3 Zi., Hoheneggstraße 25, Tel. 08375/92 13 60, €)* oder in der *Pension Krone (28 Zi., Kirchstr. 33, Tel. 08375/209, €)*.

KLEINWALSERTAL

[122 B–C 4–5] Die deutsche Bundesstraße 19 von Oberstdorf geht bei der Walserschanze und dem oberen Zugang zur Breitachklamm unmerklich in die österreichische Fernstraße 201 über. An ihr reihen sich im Tal der Breitach auf etwa 16 km die Orte Riezlern, Hirschegg und Mittelberg aneinander. Gemeinsam bilden sie die Gemeinde Mittelberg. Alpinski, Langlauf, Rodeln und Wandern – alles bestens zu Füßen und an den Hängen von Kanzelwand (1957 m), Ifen (2030 m) und Walmendingerhorn (1940 m). Bei den 5500 Bewohnern sind im Jahr 250 000 Menschen zu Gast (1,9 Mio. Übernachtungen); das spiegelt sich in den Hauptstraßen wider. Sobald man jedoch einige Höhenmeter hinter sich hat, ist es ruhig wie ehedem. Von Oberstdorf verkehrt alle 20 Min. ein Autobus (mit Gästekarte frei); Nachtbus auf Abruf *(Tel. 0663/51 20)*. Der Parkplatz in Baad ist die letzte Gelegenheit, zu parken oder zu wenden.

SEHENSWERTES

Pfarrkirche
St. Jodok in *Mittelberg* stammt aus dem 14. Jh., hat bemerkenswerte Wandfresken von 1470/71 und einen gotischen Taufstein.

Steinmuseum im Walserhaus
Ausstellung über die Geschichte des Wintersports im Kleinwalsertal

Ruhe und touristische Höhepunkte bietet das Kleinwalsertal

sowie Fotodokumentation über den alpinen Skilauf 1905–40. *Mo–Sa 8–17.30, So 8–16 Uhr, Eintritt frei, Hirschegg, Walserstr. 64*

Walser-Museum
Zu Geschichte und Brauchtum des Walsertals, erweitert um Wohnkultur und Originalalphütte. *Tgl. außer So und feiertags 14–17 Uhr im Verkehrsamt Riezlern, Walserstr. 54, 2 Euro*

ESSEN & TRINKEN ÜBERNACHTEN

Almhof Rupp
Für Gourmets, leichte Küche, vielfach ausgezeichnet. *Mo, im Sommer auch mittags geschl., 31 Zi. und Apartments, Walserstr. 83, Riezlern, Tel. 08329/50 04,* €€€

Ifen-Hotel
Macht dem hohen Namen Ehre: das nobelste Hotel des Tals. *61 Zi., Oberseitestr. 6, Hirschegg, Tel. 08329/507 10, Fax 34 75,* €€€

Jagdhof
Zentral, aber ruhig. Gourmetküche. *44 Zi., Walserstr. 27, Riezlern, Tel. 08329/56 03, Fax 33 48,* €€€

Walserhof
Neu gestaltetes, ansprechendes Restaurant; die Küche verwendet vorzugsweise Produkte aus der Region und biologisch angebautes Gemüse. Erlebnishallenbad. *38 Zi., Ferienwohnungen im 300 m entfernten Lärchenhüsle. Walserstr. 11, Hirschegg, Tel. 08329/56 84, Fax 59 38,* €€

Walser-Stuba
Man bemüht sich um lokale Walsergerichte, aber auch um betont biologisch-dynamisch orientierte Gerichte. Familiäres Ambiente, Hüttenstimmung. *22 Zi., Eggstr. 2, Riezlern, Tel. 08329/534 60,* €€

AM ABEND

Das Spielkasino in Riezlern bietet gepflegten Nervenkitzel *(tgl. ab 19 Uhr, 25. Dez.–März ab 17 Uhr, Walserstr. 31)*. Bauerntheater im Walserhaus, zahlreiche weitere kulturelle Veranstaltungen.

BERGBAHNEN

Kanzelwandbahn (Sechsergondeln) in Riezlern, Walmendingerhornbahn (Großkabine) in Mittelberg, Sesselbahn Zaferna in Mittelberg, Doppelsesselbahn Ifen in Hirschegg, Heubergsessellift in Hirschegg, Zweiländerbahn Deutschland–Österreich (Vierersessellift) im Skigebiet Kanzelwand–Fellhorn.

AUSKUNFT

Kleinwalsertal Tourismus
Im Walserhaus, Walserstr. 64, 87568 Hirschegg (von Österreich 6992), Tel. 08329/511 40, Fax 51 14 21 (Vorwahl von Österreich 05517), Filialen in Riezlern und Mittelberg, Schneetelefon 08329/ 15 15, www.kleinwalsertal.de

OBERSTAUFEN

[118 A5] Der touristische Boom, der aus einem schlichten, 1100 Jahre alten Dorf auf 792 m Höhe ein Bad (7200 Ew.) mit 800 gastronomischen Betrieben gemacht hat, lässt nur noch wenige dörfliche Relikte erkennen. In Thalkirchdorf und weiteren Ortschaften an der Deutschen Alpenstraße, in dem Bergdorf Steibis, 861 m, in Aach, in den Nachbardörfern Weißach und Kalzhofen sowie rund 60 Weilern und Einöden findet man noch dörfliches Leben. Angeboten werden Schroth-, Kneipp- und andere Kuren sowie ärztlich überwachte Fitnessprogramme. Vom Bundesfamilienministerium als familienfreundlicher Kurort ausgezeichnet.

SEHENSWERTES

Bauernhausmuseum Knechtenhofen
In einem 300 Jahre alten Bauernhaus spiegelb sich bäuerliches Leben sowie die Flachs- und Wollverarbeitung des Allgäus wider. *Mai–Okt. jeden 1. Mi 14–17 und jeden 1. So 10–12 Uhr, 2 Euro*

St. Bartholomäus in Zell
Die Anfänge dieser gotischen Kapelle werden bis auf die ersten Missionare zurückgeführt; die heutige Form stammt aus dem Jahr 1440. Bedeutend sind die Wandmalereien des Memmingers Hans Strigel und die drei Altäre. *Zell*

Heimatmuseum Beim Strumpfar
Religiöse Volkskunst, Trachtenpuppen und eine Originalhauskäserei aus der Mitte des 19. Jhs. in einem ehemaligen Bauernhaus. *Jan.–Okt. So 10–12, Mi und Fr 15–17 Uhr, Jugetweg 10, 2,50 Euro*

ESSEN & TRINKEN

books Bücher & Café Insider Tipp
Buchhändler Karl-Ludwig Maier eröffnete neben dem Buchladen ein Literaturcafé mit vegetarischem Mittagstisch, in dem die Gäste original-italienischen Kaffee schlürfen und nebenbei in den Leseexemplaren von Neuerscheinungen und internationalen Zei-

tungen schmökern können. *Mo–Fr 10–20, Sa 10–18 Uhr, Hugo-von-Königsegg-Str. 12, Tel. 08386/24 69, www.books.de*

Posttürmle
Winziges Gourmetrestaurant, gekocht wird mit Zutaten von heimischen Gärtnern, Bauern, Jägern. Guter Weinkeller. Reservieren! *Ab 17 Uhr, Di geschl., Bahnhofsplatz 4, Tel. 08386/74 12, Fax 18 82*

EINKAUFEN

Allgäuer Handwebereien
In der »Handweb-Tenne« kann man Schafwollteppiche, bunte Fleckesteppiche erwerben oder nach Maß bestellen. *Thalkirchdorf, Salzstr. 7–11*

ÜBERNACHTEN

Hotel zum Adler
Gemütliches historisches Haus, ansprechende Küche. *31 Zi., Kirchplatz 6, Tel. 08386/932 10, Fax 47 63,* €€

Bergkristall
In exponierter Lage. Wellnessprogramm. *37 Zi., Willis 8, Tel. 08386/91 19, Fax 91 11 50, wellness@bergkristall.de,* €€–€€€

evviva!
Das Hotel des Fußballers Karl-Heinz Riedle besticht durch seine schnörkellose Aufmachung. Mit eigenem Jugendtrakt, Kinderferienangeboten und Socceracademy. *31 Zi., Kalzhofer Str. 30, Tel. 08386/932 90, Fax 93 29 29, info@evviva.de,* €

Kur- und Ferienhotel Traube
Dörflich und kuschelig in einem denkmalgeschützten Fachwerkhaus. Sehr gute saisongebundene Küche. *28 Zi., Thalkirchdorf, Kirchdorfer Str. 12, Tel. 08386/92 00, Fax 920 39,* €€

Zur Viehscheid erhält jeder Bauer das eigene Vieh zurück

FREIZEIT & SPORT

Panoramabad Aquaria *(9.30–22 Uhr, Alpenstr. 5, 1 Std. 6 Euro, Familie 13 Euro)*. Bus zur Alpe Hörmoos. Skigebiete Hochgrat, Imberg/Flüh, Hündleskopf, 37 Aufstiegshilfen.

AM ABEND

Altstaufner Einkehr
Ein Muss, sehr urig. Reservieren! *Di–Sa ab 17 Uhr, So Frühschoppen, Bahnhofstr. 4, Tel. 08386/71 93, €€*

Königlich bayerische Enzianhütte
Rustikale Einkehr in Weißach vor der Mühle; besonders behaglich ist es in der Fonduestube »Altes Weißachtal«. *Tgl. außer Mi ab 16 Uhr, So ab 10.30 Uhr, ab 20 Uhr Tanz und Zithermusik, Reservierung erforderlich, Tel. 08386/661, €*

BERGBAHNEN

4-Personen-Kabinenbahn zum Hochgrat, 1832 m *(Tel. 08386/82 22, Wetter- und Pisteninformation 82 23)*; Imberg-Sesselbahn in Steibis *(Tel. 81 12)*; Hündlealpbahn *(Sesselbahn, Tel. 27 20). Vom Bahnhof Oberstaufen über Steibis zur Talstation in Lanzenbach und zur Imberg-Sesselbahn sechsmal tgl. Busverkehr*

AUSKUNFT

Kurverwaltung
Haus des Gastes, Hugo-von-Königsegg-Str. 8, 87534 Oberstaufen, Tel. 08386/930 00, Fax 93 00 20; Außenstelle Steibis *Tel. 08386/81 03, Fax 86 79,* Außenstelle Thalkirchdorf *Tel. 08325/97 60, www.oberstaufen.de*

ZIEL IN DER UMGEBUNG

Stiefenhofen **[118 A4]**
Das »Kräuterdorf Stiefenhofen« (1600 Ew.) bietet sich als erholsamer Standort an. Ein ganzer Kranz von Kapellen umschließt die 20 Ortschaften, die bekannteste ist die St.-Stefans-Kapelle in Genhofen, an der ehemaligen Salzstraße gelegen, die von Tirol über Immenstadt an den Bodensee führte. Regionale Küche gibt es im *Landgasthof Rössle* beim »Kräuterwirt« der Familie Kulmus mit Fisch und Spezialitäten vom Allgäuer Bergwiesenheu. Attraktive Kinderspielecke. Übernachtungsmöglichkeit in 10 Zimmern *(Stiefenhofen, Hauptstr. 14, Tel. 08383/920 90, Fax 92 09 49, €). Gästeamt: Am Dorfbach 2, 88167 Stiefenhofen, Tel. 08383/72 00, Fax 92 13 02, www.stiefenhofen.de*

Insider Tipp

OBERSTDORF

[123 D3–4] Wegen seiner außergewöhnlichen Lage und unzähligen Sport- und Freizeitmöglichkeiten steht das touristische Zentrum des Oberallgäus auf 815 m (11 000 Ew.) mit 2,6 Mio. Übernachtungen an der Spitze des Fremdenverkehrs im Allgäu. Dennoch finden sich auch noch Spuren dörflichen Charakters; es werden sogar noch Kühe durch den heilklimatischen und Kneipp-Kurort getrieben. Infolge eines Brandes im Jahr 1865 sind nur wenige alte Häuser erhalten, darunter das Rathaus, das Trettachhäusle, ein ehemaliges Gerberhaus aus dem Jahr 1694 (neben der Talstation der Nebelhornbahn) und die Pestkapelle. Mit Erfolg wurde der Kurort mit Hilfe von Elektrobussen verkehrsberuhigt und entstanden Fußgängerzonen. Ruhige Teilorte sind Tiefenbach und Kornau, oberhalb der Iller Schöllang, Reichenbach und Rubi.

SEHENSWERTES

Breitachklamm

★ Selbst für Nicht-Wanderer ein Muss und lohnend bei jedem Wetter: bei Tiefenbach unterer Eingang, oberer Eingang bei der Walserschanze am Beginn des Kleinwalsertals. Die Breitach durchbricht einen mächtigen Felsstock aus Schrattenkalk. Seit 1905 ist die enge Schlucht zwischen den steilen Felswänden auf Stegen begehbar (etwa 30 Min.). Vorsicht mit Kindern! Ein Autobus verkehrt vom Postplatz in Oberstdorf. *Im Sommer tgl. 8–17, im Winter 9–16 Uhr, kurzfristige Änderungen bei ungünstiger Wetterlage möglich, Tel. 08322/48 87, 2,50 Euro*

Heimatmuseum

Dokumentation früherer Lebens- und Arbeitsverhältnisse, Alpinismus, Schrattsche Schuhsammlung mit dem angeblich größten Schuh der Welt, Gedenken an die Autoren Gertrud von le Fort und Arthur Maximilian Miller sowie an Oberstdorfer Maler. *Oststr. 13, Di–Sa 10–12 und 14–17.30 Uhr, So und feiertags bei Regenwetter wie werktags geöffnet, 2,50 Euro*

Heini-Klopfer-Schanze

★ Legendäre Skisprungschanze im Stillachtal, Nähe Freibergsee, zu der ein Sessellift führt; Schrägaufzug zum Startpunkt der Skiflieger. Hier findet alljährlich der Auftakt der Vierschanzentournee statt.

Wallfahrtskapellen

Etwas außerhalb liegen an der Straße nach Birgsau die drei Kapellen von St. Loretto: Die Appachkirche (1493), die Marienkirche (1657)

Breitachklamm: wandern durch die eindrucksvolle Schlucht an der Breitach entlang

und die Josephskirche (1671). Im Insider Tipp Rohrmoostal steht eine Holzkapelle aus der Spätrennaissance, wahrscheinlich eine der ältesten Kapellen Europas, geschmückt mit naiven Fresken.

ESSEN & TRINKEN

Insider Tipp Arnemann's Gasthof
Das vom Parkplatz oder von der Busstation nur in halbstündigem Fußweg (mit Sesselbahn 10 Min.) erreichbare unauffällige Haus über dem Freibergsee gefällt sich in Understatement. Hervorragende Küche – reservieren! *Mo geschl., Freibergsee 5, Tel. 08322/25 43, €€*

Insider Tipp Berggasthof Rohrmoos
Ein auch gastronomisch schönes Wanderziel im Rohrmoostal (Ganghofer fand hier Romanmotive). Wildspezialitäten. Mautstraße *(4 Euro)* von Tiefenbach. *Mi abends und Do geschl., Abendessen nur auf Vorbestellung, Tel. 08322/44 17, €*

Traube
Einer der alteingesessenen Gasthöfe am Ort, heimische und internationale Gerichte, schöner, großer Biergarten. *20 Zi., durchgehende Küche 10–23 Uhr, Hauptstr. 6, Tel. 08322/46 48, Fax 31 68, €€*

ÜBERNACHTEN

Alpenhotel Vollmann
Sonnig und ruhig gelegenes Kurhotel. Eigener Reitstall. Im eleganten Hotelrestaurant *Locanda* feine Küche, im rustikalen *Sankt Georg* gehobene bodenständige Küche. *59 Zi. und Apartments, Tiefenbach, Falkenstr. 15, Tel. 08322/70 20, Fax 70 22 22, €€€*

Exquisit
Individualisten, die eine intime Atmosphäre schätzen, sind in dem eleganten Kur- und Sporthotel gut aufgehoben. Leichte, phantasievolle Küche, aus deren Angebot man sich sein Menü frei zusammenstellt. *37 Zi. und Suiten, Prinzenstr. 17, Tel. 08322/963 30, Fax 96 33 60, €€€*

Mohren
Modernisiertes Haus im Zentrum, mit Spezialangeboten für Familien und Mountainbiker. Küchenchef Tanzinger hat die Gruppe »Allgäuer Heuwirte« gegründet und kreiert Gerichte mit Bergwiesenheu. *51 Zi., Marktplatz 6, Tel. 08322/91 20, Fax 91 24 44, €€*

FREIZEIT & SPORT

Kur- und Freizeitbad Kristall, Moorfreibad aus dem Jahr 1930 (Öffnungszeiten witterungsabhängig). Leichte Talwanderungen entlang der Trettach (Christlessee) und der Stillach sowie zwischen Moorschwimmbad und St. Loretto. Für bequeme Bergspaziergänge: das Gebiet am Freibergsee (Schwimmbad, Kahnvermietung). Regelmäßig (in der Saison täglich) geführte Wanderungen und Bergtouren. Im Sommerhalbjahr Stellwagen vom Marktplatz nach Einödsbach und zum *Oytalhaus.* Das Bundesleistungszentrum für Eiskunstlauf (drei Eishallen) ist für das allgemeine Publikum geöffnet. Bungeejumping von der Heini-Klopfer-Schanze.

AM ABEND

Cocktailbar St. James
Musik, Bier vom Fass. *Mi–Mo 20–3 Uhr, Nebelhornstr. 38, Tel. 62 38, €*

Heilbronner Weg

Haute Route der deutschen Alpen

Erforderlich für den berühmtesten und meistbegangenen Höhenwanderweg Deutschlands sind Schwindelfreiheit, Trittsicherheit und gute Kondition. Der auf insgesamt etwa 300 m an ausgesetzten Stellen mit Drahtseilen versehene Weg zwischen Kemptner und Rappenseehütte beansprucht bei gutem Wetter 7 Std. In der Regel wird der 1899 von der Heilbronner Sektion des Deutschen Alpenvereins eingerichtete Weg von Ost nach West begangen. Eine geführte Tour von Einödsbach mit Übernachtung in der Rappenseehütte und Abstieg von der Bockkarscharte bietet die Bergschule Oase alpin an *(Tel. 08322/75 38, www.oase-alpin.de).*

Dampfbierbrauerei
Die Gaststätte wartet mit selbst gebrautem naturtrübem Bier und Allgäuer Spezialitäten auf. *Bahnhofsplatz 6–8, Tel. 08322/89 08, €*

ekkes Club
Jeden Di »Ladynight«. *Di–So 21–4 Uhr, Marktplatz 5, Tel. 08322/77 04, €€*

Weinstube am Frohmarkt
Im Erdgeschoss und auf der Empore geht es eng zu. *Di–So 17–1 Uhr, Am Frohmarkt 2, Tel. 08322/39 88, €*

BERGBAHNEN

★ Nebelhornbahn, mit der Bahn auf den Gipfel (verlangen Sie entweder »Gipfelstation« oder, wenn Sie nur bis zum Bergrestaurant *Höfatsblick* oder zum Edmund-Probst-Haus möchten, »Bergstation«). In der Station Höfatsblick befindet sich das höchste Internetcafé Deutschlands. Vom Gipfel aus ist der Weiterweg nur für Alpinisten geeignet, von der Bergstation hingegen ist eine Wanderung zum Großen Daumen über das Koblat oder zum Laufbacher Eck (dort gibt es einen urigen »Getränkeautomaten«) oder talwärts über die Mittelstation Seealpe möglich. An der Trasse liegt ein geologischer Wanderweg, an der Mittelstation ein Marktrestaurant. ★ Fellhornbahn (Bus zur oder von der Talstation im Preis inbegriffen), *Tel. 08322/960 00 (beide Bahnen).* An der Mittelstation bewirtschaftete Terrasse. Im Juni und Juli üppige Vegetation; in der Sommersaison botanisch-geologische Führungen *(Veranstaltungskalender).* Wanderroute 2 von der Gipfel- zur Mittelstation, auf dem Grat über Schlappoldkopf und Söllerkopf zur Schlappoldalpe und zum Schlappoldsee. Besichtigung des Käsereibetriebs *Di, Treffpunkt 8.45 Uhr an der Talstation Fellhornbahn.* Söllereckbahn (an der B19 ins Kleinwalsertal, neue Kabinen-Umlaufbahn), *Tel. 08322/57 57*

Schlappoldsee und Fellhornbahn vor der Mädelegabel

AUSKUNFT

Verkehrsamt und Kurverwaltung
Marktplatz 7, 87561 Oberstdorf, Tel. 08322/70 00, Fax 70 02 36. Außenstellen: Tiefenbach, Tel. 08322/70 02 50, Rubi/Reichenbach/Schöllang, Tel. 08326/71 97. Alpine Auskunftsstelle, Tel. 08322/70 02 00. Berg- und Wintersportbericht Tel. 70 02 39 und 70 02 40. Ansage der Wetterstation Tel. 08322/12 21, www.oberstdorf.de

SONTHOFEN

[119 D6] Die südlichste Stadt Deutschlands (22 000 Ew., 750–1100 m) zu Füßen des Grünten – des »Wächters«, weil nördlichsten Berges der Allgäuer Alpen – ist dank ihrer 16 verstreuten dörflichen Ortsteile, wie dem ruhigen Hinang und dem benachbarten Altstädten, Luftkurort und Wintersportplatz. Die Kreisstadt hat einen kleinen Altstadtbezirk.

SEHENSWERTES

Heimathaus
Das Heimatmuseum, in das ein Allgäuer Bauernhaus aus dem 18. Jh. integriert ist, veranschaulicht Wohnkultur und Geschichte des Erwerbslebens. Im Neubau sind eine geologische Sammlung, vor- und frühgeschichtliche Funde sowie eine Darstellung der historischen Straßen im Allgäu zu sehen *(Di–Do, Sa, So 15–18 Uhr, im Nov. und an einigen Feiertagen geschl., 2 Euro).* Ebenfalls im Heimathaus: die Allgäu-Bibliothek, mit 2600 Büchern und Schriften die wohl umfangreichste Sammlung heimatkundlicher Veröffentlichungen über das Allgäu. *Di 15–17 Uhr*

Kirchen
Kapelle St. Leonhard auf dem *Bichel* mit einem Altar aus dem Jahr 1438 von Hans Strigel *(Berghofen, Salzweg)*. In *Altstädten*, einer der frühen Siedlungen im Allgäu (Funde aus dem 7. Jh.), steht die Pfarrkirche St. Peter und Paul von 1734 mit spätgotischen und barocken Schnitzwerken. *Thalhofer Str.*

Starzlachklamm
Wildromantisches Ausflugsziel zwischen dem Sonthofener Ortsteil Winkel und dem Burgberg. Kesselförmige Wassermühlen, Wasserfälle, geologische Besonderheiten. Der Gang durch die Klamm lässt sich gut mit einer Wanderung durch das Gebiet Großer Wald verbinden. *Mai–Okt. 8–18 Uhr, 1,50 Euro*

ESSEN & TRINKEN ÜBERNACHTEN

Allgäu Stern Hotel
Ein touristischer Archipel mit Kinderbetreuung. Rege, seriöse Animation. *450 Zi. und Apartments, Auf der Staiger Höhe, Buchfinkenweg 2, Tel. 08321/27 90, Fax 27 94 44, €*

Landhotel Bauer
Modernes Haus in zentraler Lage mit rustikalem Abendlokal. Kombiangebote mit Ballonfahrten. *17 Zi., Hans-Böckler-Str. 86, Tel. 08321/70 91, Fax 877 27, €*

Hotel und Brauerei-Gasthof Hirsch
Es werden Allgäuer Spezialitäten, aber auch Speisen aus der Diätküche serviert. Brauereivorführungen, zünftiger Biergarten, Zithermusik. *26 Zi., Di geschl., Grüntenstr. 7, Tel. 08321/672 80, €*

Hotel-Gasthof Schwäbele Eck
Gutbürgerliche Küche, deftige Speisen. *22 Zi., Mo geschl., Hindelanger Str. 9, Tel. 08321/672 00, Fax 67 20 29, €*

EINKAUFEN

Atelier Windklang
Klangbildhauer Johannes Vorholzer fertigt Windklangspiele in vielen Größen, Klängen, Formen und Farben (auch nach Maß) an. *Am Anger 12, Altstädten, www.windklang.de*

AUSKUNFT

Gästeamt
Rathausplatz 1, 87527 Sonthofen, Tel. 08321/61 52 91, Fax 61 52 93,

Gemütlich einkaufen in Sonthofen

Kurlaub

Therapien für Allergiker – die Höhenlage machts möglich

Urlaub von der Allergie, geht das? Wenn die Gräser blühen, dann triefen die Nasen und jucken die Augen. Vermeiden lassen sich solche Symptome nur, wenn die Allergene gemieden werden. Das ist in den Höhenlagen von Bad Hindelang möglich. Messungen haben ergeben, dass Beifuß- und Roggenpollen dort fehlen, Hausstaubmilben nicht existieren, die Pollen von Gräsern und Bäumen meist unter dem Schwellenwert liegen und Schimmelpilzsporen nur in minimalen Konzentrationen vorkommen. Vor allem Asthmatiker können aufatmen.
Weitere Auskünfte über Spezialkliniken, Sanatorien, Angebote für Erwachsene und Kinder bei der *Gästeinformation: Am Bauernmarkt 1, 87541 Bad Hindelang, Tel. 08324/89 20, Fax 80 55, www.bad-hindelang.de*

www.sonthofen.de. Verkehrsamt Altstädten, Am Anger 8, 87527 Altstädten, Tel. 08321/21 70, www.altstaedten.de

ZIELE IN DER UMGEBUNG

Burgberg **[119 D5]**
Der Erholungsort Burgberg (3400 Ew., 750 m) im Illertal unterhalb des Grünten (1738 m) bietet einen Lehrpfad über den Erzabbau seit dem 15. Jh. und die Verhüttung am Grünten bis 1859. Gepflegt rustikal ist das Restaurant im *Löwen (Mo geschl., Grüntenstr. 1, Tel. 08321/95 83, Fax 837 37, €)*. Der Berggasthof *Alpenblick (Auf dem Ried 1, Tel. 08321/33 54, €)* ist ein Wanderziel mit Café; Asphaltstraße bis zum Haus. Ein ausgedehntes Wandergebiet ist der Große Wald. Einkehrmöglichkeiten bestehen auf der Alpe *Topfen* und der urigen Alpe *Schwande*, beide am Grüntensüdhang gelegen; Frühaufsteher können dort beim Käsen zuschauen. *Verkehrsamt: 87545 Burgberg, Tel. 08321/672 20, Fax 672 22*

Gunzesrieder Hochtal **[122–123 B–C2]**
Schönes, ruhiges Tal (900–1700 m), mit Auto oder Autobus von Blaichach zugänglich. In der Sennerei Gunzesried kann man frühmorgens beim Käsen zuschauen, ebenso sommers in der Alpe Oberberg.

WIGGENSBACH

Die Marktgemeinde (4300 Ew.), zu der verschiedene Dörfer und Weiler zählen (850 bis 1077 m), versteht sich als ein historisches Zentrum der Käseproduktion. Der »Allgäuer Käsweg«, ein etwa 30 km langer Rundwanderweg, verbindet die etwa 20 ehemaligen Sennereien.

SEHENSWERTES

Allgäuer Käsküche
Im alten Schulhaus haben eine historische Käsküche, die »Puppengalerie« der überregional anerkannten Puppendesignerin Ruth Treffeisen und eine heimatkundliche Sammlung Platz gefunden. *Mo–Fr 10–12 Uhr und auf Anfrage. Sammlung auch So 10–12, 14–16 Uhr und nach Vereinbarung, Tel. 08370/84 35, Kempter Str. 3, Eintritt frei*

Pfarrkirche St. Pankratius
Die ursprünglich spätgotische Kirche wurde im 18. Jh. von Johann Georg Specht erweitert und in späten Rokokoformen ausgestattet *(Führung)*. In der Umgebung ebenfalls sehenswerte Kapellen.

ESSEN & TRINKEN ÜBERNACHTEN

Hotel Goldenes Kreuz
Fachwerkbau von 1732. Hier saß schon F. J. Strauß im Josephswinkel. Spezialität: Krautkrapfen. Rotweinkeller. *23 Zi., Marktplatz 1, Tel. 08370/80 90, Fax 809 49, €€*

Gasthof zum Kapitel
Stilvolles Restaurant, wo man sich zum Pils trifft. Gerühmt werden die Kässpätzle. *Mi geschl., Do ab 17 Uhr, Marktplatz 5, Tel. 08370/206, €€*

Insider Tipp **Hofgut Kürnach**
Das Anwesen wurde 1709 als Jagd- und Sommerresidenz der Kemptener Fürstäbte erbaut. Exponierte Lage im Kürnbachtal, unmittelbar am Waldrand. Kinderbetreuung, Seniorenprogramme und »Schmankerl-Wochenenden«. Reithalle, Streichelzoo. *72 Zi. und Apartments, Unterkürnach, Tel. 08370/80 70, Fax 18 63, www.hofgut-kuernach.de, €€*

AUSKUNFT

Verkehrsamt
Kempter Str. 3, 87487 Wiggensbach, Tel. 08370/84 35, Fax 379, www.wiggensbach.de

ZIEL IN DER UMGEBUNG

Altusried **[118 C1]**
Altusried (9000 Ew., 8 km von Wiggensbach entfernt) ist Mittelpunkt einer bäuerlichen Landschaft mit den Dörfern Frauenzell, Muthmannshofen, Kimratshofen und Krugzell (630–950 m). An der Burgruine Kalden hat man einen schönen Blick auf den Illerdurchbruch, das Steilufer am Mäander der Iller. Übernachten können Sie im bereits 1433 erwähnten *Landgasthof Alte Post (Mo und Di geschl., Kimratshofen, Tel. 08373/81 11, Fax 81 13, €€)*. Altusried ist Ausgangspunkt für Wanderungen auf dem Oberallgäuer Rundwanderweg, dem Schwaben-Bodensee- und dem Füssener-Land-Rundwanderweg. Seit 120 Jahren wird in Altusried Theater gespielt. Die moderne »Allgäuer Freilichtbühne« bietet mit 2500 Zuschauerplätzen auf 4500 m^2 Raum für Großinszenierungen (z. B. »Bauernkrieg im Allgäu«, »Wilhelm Tell«, »Götz von Berlichingen«) und Gastspiele. Im Winter finden Aufführungen im »Theaterkästle« statt. *Information im Kultur- und Verkehrsamt, Hauptstr. 18, 87452 Altusried, Tel. 08373/70 51, Fax 70 54, www.allgaeu.org/altusried* Insider Tipp

Panoramablick auf Berge und Seen

Hier fügt sich alles in gewachsene Dorfbilder ein

Die Täler im Hügelland öffnen sich zu einer Seenplatte, der Hinterlassenschaft der Eiszeit. Nur der Forggensee ist ein Speichersee, der nach einem von ihm verschlungenen Dorf benannt ist. Die Erhebungen der Tannheimer Berge und der Ammergauer Alpen mit Gipfeln von über 2000 m Höhe schließen die voralpinen Landschaften, die von den Gletschern modelliert wurden, im Süden mit einem großartigen Panorama ab. Wanderer und Radfahrer, Segler und Surfer haben immer wieder diesen Panoramablick über das Land. Fast jede Kirche und Kapelle birgt Kunstwerke; einige Kirchen haben kunsthistorisch hohen Rang.

FÜSSEN

[120–121 C–D 4–5] Das lebhafte Bergstädtchen »im Königswinkel« mit mittelalterlicher Altstadt liegt zwischen Hochgebirge und Seen, (800–920 m) und zählt einschließlich seiner Ortsteile, die ihm zum Rang eines Kneipp- und Luftkurorts sowie eines Mineral- und Moorheilbades verholfen haben, 16 400 Ew.

Mit weitem Blick: der Berggasthof am Falkenstein

Ländliche Idylle am Auerberg

Der Kurbetrieb konzentriert sich auf Bad Faulenbach in einem hübschen Tal mit wunderschönen Seen. Weißensee, bestehend aus mehreren kleinen Dörfern, liegt an dem gleichnamigen See, Hopfen in sonniger Lage am Hopfensee; die Stadt Füssen grenzt an den Forggensee.

Mit dem Bau der Via Claudia Augusta, die durch die heutige Reichenstraße führt, trat Füssen ab dem 3. Jh. als römisches Kastell *Foetes* in die Geschichte ein. Der Benediktinermönch Magnus aus St. Gallen, der »Apostel des Allgäus«, gründete hier im 8. Jh. eine Zelle und legte damit den Grundstein zu der zweitältesten Stadt des Allgäus.

SEHENSWERTES

Altstadt
Beginnen Sie den Rundgang in der Sebastianstraße am östlichen Tor

Die mächtige Klosteranlage von St. Mang

und beziehen Sie die Kirchen mit ein: *St. Stephan* im Franziskanerkloster, *St. Sebastian* am Alten Friedhof, die *Krippkirche* mit einem Altar von Dominikus Zimmermann, die bunt bemalte *Spitalkirche zum Hl. Geist* und die Filialkirche *Unserer Lieben Frau am Berg* (versäumen Sie nicht einen Blick durch das Rückfenster!). Kalvarienberg aus dem 19. Jh. *Altstadtführungen für Gruppen nach Vereinbarung; während der Ferienzeiten* Insider Tipp *Kickboardführungen (mit Leihgebühr für Kickboard und Rucksack 5 Euro); individuelle Audiotours mit Leihdiscman, 7 Euro*

Hohes Schloss

Auf den Grundmauern des spätrömischen Kastells ist im Mittelalter das Hohe Schloss errichtet worden. Wer die Erker betrachtet, sollte genau hinschauen – alles Schwindel, kunsthistorisch Illusionsmalerei genannt. *Magnusplatz*

St.-Mang-Basilika

Die aus dem 9. Jh. stammende Krypta der ansonsten barocken Benediktinerklosterkirche, heute Pfarrkirche, birgt ein Fresko der Reichenauer Schule aus dem 10. Jh. *(nur mit Führung). Magnusplatz*

MUSEEN

Museum der Stadt Füssen

Das Museum im ehemaligen Benediktinerkloster St. Mang veranschaulicht das klösterliche Leben sowie den Geigen- und Lautenbau in Füssen. *April–Okt. Di–So 11–16, Nov.–März Di–So 14–16 Uhr, Führungen Di und Do 14.30 Uhr, Lechhalde 3, 2,50 Euro*

Staatsgalerie

In einem Flügel des Hohen Schlosses befindet sich eine Filialgalerie der Bayerischen Staatsgemäldesammlungen mit Gemälden und Skulpturen von Allgäuer Meistern der Spätgotik und des 16. Jhs. Angeschlossen ist eine Galerie, die das Erbe des Illustrators Franz Graf von Pocci (1807–76) betreut. Sehenswerter Rittersaal mit spätgotischer Kassettendecke. *April–Okt. Di–So 11–16, Nov.–März Di–So 14–16 Uhr, Führungen Mi 14.30 Uhr, Magnusplatz 10, 2,50 Euro*

ESSEN & TRINKEN

Hotel Alpenschlößle
Gourmetküche. *10 Zi., Di geschl., Alatseestr. 28, Tel. 08362/40 17, Fax 398 47, €€€, Hotel €€*

Fischerhütte
Ausflugslokal in Hopfen am See, bekannt für seine Fischspezialitäten. *Uferstr. 16, Tel. 08362/919 70, €€–€€€*

Hotel-Restaurant Frühlingsgarten
Familiär geführtes Haus mit 150-jähriger Tradition, regionale Küche. *9 Zi., Bad Faulenbach, Alatseestr. 8, Tel. 08362/917 30, €*

Schiffwirtschaft
In einem restaurierten mittelalterlichen Wohnhaus mit schönen Gewölben. Vesperkarte. *Tgl. 16–1, Sa und So 10–1 Uhr, Schwangauer Str. 1, Tel. 08362/398 13, €*

Schwanen
Ehemals Wohnhaus bedeutender Geigenbauer. Gehobene schwäbische Küche. *So ab 15 Uhr und Mo geschl., Brotmarkt 4, Tel. 08362/61 74, €*

ÜBERNACHTEN

Aktiv-Zentrum Schweiger Hotel & Rehaklinik
Wenn ein Hotelierssohn Medizin studiert, eine Hotelfachfrau heiratet und das elterliche Hotel übernimmt, bestehen gute Chancen für eine untypische Herberge. *45 Zi., Bad Faulenbach, Ländeweg 2, Tel. 08362/914 00, Fax 914 01 50, €€*

MARCO POLO Highlights »Ostallgäu«

★ **Königsschlösser**
Die Schlösser Neuschwanstein und Hohenschwangau: zu Stein gewordene Träume des Bayernkönigs Ludwig II. (Seite 76)

★ **Falkenstein**
Wo beinahe das schönste Königsschloss entstanden wäre (Seite 74)

★ **Burgruinen Eisenberg und Hohenfreyberg**
Wanderung zu Relikten des Mittelalters (Seite 75)

★ **Tegelberg**
Vor herrlichem Panorama Gleitschirm- und Drachenfliegern zuschauen (Seite 77)

★ **Auerberg**
Wunderbarer Rundblick auf 1055 m Höhe (Seite 72)

Alpenblick
In Hopfen. Modernes Haus, internationale und bayerische Küche. Für Kuranwendungen weiteres Haus in Höhenlage. *46 Zi., 20 Apartments, Uferstr. 10, Tel. 08362/ 505 70, Fax 50 57 73,* €€

Feriendorf Weissensee
25 Häuser (30–110 m²) in schöner Hanglage, außerdem Ferienwohnungen in Nesselwang und Weissensee, *Schwarzenbachweg, Weissensee, Tel. 08361/616 und 724, Fax 31 91, www.feriendorf-weissensee.de*

Geiger
In Hopfen. In dem schönen Terrassenrestaurant gepflegte Küche und hausgemachte Kuchen. *23 Zi. und Apartments, im höher gelegenen Kur- und Ferienhotel 18 Zi., Uferstr. 18, Tel. 08362/70 74 und 93 88 10, Fax 388 38,* €€

Appartementhotel Seespitz
In Weißensee unmittelbar am See; Kinderbetreuung, gehobener Standard. In der Osteria italienische Spezialitäten. *35 Apartments, Pfrontener Str. 45, Tel. 08362/388 99, Fax 388 90, www.seespitz.com*

Treff Hotel Luitpoldpark
Neues Viersternehaus mit allem Komfort und 134 großen Zimmern. *Bahnhofstr. 3, Tel. 08362/90 40, Fax 90 46 78,* €€€

FREIZEIT & SPORT

Forggenseerundfahrt tgl. 10–17 Uhr *(Tel. 08362/92 13 63)*, Wassersport, Eislauf im Bundesleistungszentrum für Eishockey *(April–Juni geschl., tgl. Schauzeit 9.30–16.30 Uhr, öffentlicher Lauf tgl. 10–11.50 und 14–15.50, Mo 20–21.30 Uhr)*, Spaziergang nach Bad Faulenbach zum Lechfall (an der Felswand Büste König Maximilians II.), Wanderung zum Alatsee, Ausflug nach Hopfen am See.

AM ABEND

Haus Hopfensee
Haus des Gastes in Hopfen, Kegelbahn, Bauerntheater, Kabarett, Kurkonzerte, Tanz. *Höhenstr. 14, Tel. 08362/67 52*

Naturgenuss am und auf dem Forggensee

Im Zentrum von Kaufbeuren: das Neorenaissance-Rathaus

Musical Theater Neuschwanstein
Achtmal in der Woche, davon zweimal nachmittags, wird das Ludwig-Musical »Sehnsucht nach dem Paradies« gespielt. Der Titelheld »ertrinkt« am Originalschauplatz. Von 11 Uhr an sind Restaurant, Café, Biergarten und Bar geöffnet. *Im See 1, Ticket-Hotline 01805/58 39 44; www.neuschwanstein-online.de, 45–120 Euro*

AUSKUNFT

Füssen Tourismus
Kaiser-Maximilian-Platz 1, 87629 Füssen, Tel. 08362/93 85 12, Fax 93 85 20. In Hopfen am See: *Uferstr. 21, Tel. 08362/74 58, Fax 399 78.* In Weißensee: *Seeweg 4, Tel. 65 00, Fax 392 65, www.fuessen.de*

KAUFBEUREN

[114 B–C 4–5] Die ehemalige Freie Reichsstadt (44 200 Ew., 680 m) hat einen hübschen Altstadtkern und ist bestens als Ausgangspunkt für Touren ins Ostallgäu geeignet. Der römisch-deutsche Kaiser Maximilian I. kam im 15./16. Jh. vierzehn Mal in die Stadt.

SEHENSWERTES

Altstadt
Rundgang beginnend am *Rathaus* in Neorenaissance von Georg Hauberrisser, Erbauer des Münchener Rathauses. *Kostenlose Führungen Mai bis Okt. Sa 11 Uhr, altes Rathaus*

Neugablonz
18 000 der 100 000 Vertriebenen des deutsch-böhmischen Landkreises Gablonz an der Neiße siedelten sich hier 1946/47 auf dem Gelände eines Munitionswerkes an und bauten ihre Schmuckindustrie auf. Neugablonz ist heute das bedeutendste Zentrum für Modeschmuck in der Welt. *Kostenlose Führungen Mai–Okt. jeden 2. Sa 15 Uhr, Gablonzer Haus, Marktgasse 8*

St.-Blasius-Kirche
Alte spätgotische Ausstattung, Altar von Jörg Lederer *(Schlüssel gegenüber beim Küster). Blasiusberg*

MUSEEN

Crescentia-Gedenkstätte
Der mittlerweile heilig gesprochenen Ordensschwester Crescentia Höß (1682–1744) ist im Crescentiakloster eine Gedenkstätte gewidmet. *Führungen Mi, 1. und letzter Sa 15 Uhr*

Stadtmuseum
Mit Kruzifixsammlung und Ganghofer-Museum. (Der Heimatschriftsteller Ludwig Ganghofer, 1855 bis 1920, wurde in Kaufbeuren geboren.) *Di–Sa 9–12 und 14–17, So 9–12 Uhr, Kaisergäßchen 12–14, 2 Euro*

ESSEN & TRINKEN

Café Barbas
In Neugablonz. Ausgezeichnete Kuchen. *Tgl. ab 14 Uhr, Nähe Gablonzer Schmuckzentrum, Schulstr. 28, Tel. 08341/625 64, €€*

Rathaus-Café
Gesundheitsbetonte Speisekarte, Fleisch aus eigener Rinderherde. *Kaiser-Max-Str. 4, Tel. 08341/23 46, €*

Weberhaus
In derselben Hand wie das *Rathaus-Café.* Hervorragende eigene Confiserie (teuer). Kleine Karte. *Kaiser-Max-Str. 22, Tel. 08341/25 04, €*

Weißes Röß'l
Neu im Stil eines Dorfwirtshauses eingerichtet; die Chefin pflegt schwäbische Küche mit frischen Zutaten. *5 Zi., Dorfstr. 25, Pforzen-Leinau, Tel. 08346/255, €*

EINKAUFEN

Modeschmuck
Im Haus der Industrie sind Kollektionen der 150 Neugablonzer Betriebe ausgestellt, die jährlich 40 000 Muster herausbringen. *Verkauf Mo–Fr 9–12 und 13.30–17, Sa 9–12 Uhr, Neue Zeile 11*

Insider Tipp

ÜBERNACHTEN

Goldener Hirsch
Tradition bis ins 16. Jh., gehobene Küche. *42 Zi. und Apartments, Kaiser-Max-Str. 39, Tel. 08341/430 30, Fax 43 03 75, €€*

Am Kamin
Neubau mit großen Zimmern. Gut geführt. Der Chef kocht selbst. *32 Zi., Füssener Str. 62, Tel. 08341/93 50, Fax 93 52 22, €€*

AM ABEND

Im Stadttheater *(Rosental)* gastiert das Landestheater Schwaben; außerdem gibt es Konzerte und Kabarett. Der Theatervorhang von 1805, »Allegorie der Künste«, gilt als der älteste in Deutschland. Konzerte im Festsaal von Kloster Irsee. Burgspiele auf der Freilichtbühne in Großkemnat *(jeweils Auskunft in der Tourist-Information).*

AUSKUNFT

Tourist-Information
Im Rathaus, Kaiser-Max-Str. 1, 87600 Kaufbeuren, Tel. 08341/404 05, Fax 739 62, www.kaufbeuren.de

ZIEL IN DER UMGEBUNG

Irsee [114 B4]

Das 7 km entfernte einstige Benediktinerkloster, und heutige Schwäbische Bildungszentrum *(Klosterring 4, Tel. 08341/90 66 01)* besitzt ein bemerkenswertes Treppenhaus. In der ehemaligen Klosterkirche Mariä Himmelfahrt sollte man die einzigartige Schiffskanzel beachten *(Führungen)*. Zünftig einkehren können Sie im Irseer Klosterbräu, besonders gemütlich im Kamingewölbe; angeboten werden herzhafte Spezialitäten wie Bierbrotsuppe oder Spanferkelbraten *(10–23 Uhr)*. In dem alten Braugasthof ist ein Hotel untergebracht *(55 Zi., Klosterring 1–3, Irsee, Tel. 08341/43 22 00, Fax 43 22 69, €€)*. Im Betriebsgebäude befinden sich ein Braumuseum mit Sichtfenster zum Betrieb *(tgl. 9–17 Uhr)* sowie die *Kneipe Altbau* mit Café Stucc, Galerie Kleinkunstbühne *(bis 1 Uhr, €)*, *aktuelle Informationen: www.irsee.de*

Insider Tipp

MARKTOBERDORF

[120 B–C1] Die Kreisstadt des Ostallgäus war ein Dorf, das sich nach dem Zweiten Weltkrieg rasch auf 18 000 Ew. vergrößert hat, und ist trotzdem ein Erholungsort (758 m) geblieben. Beschaulicher Urlaub ist möglich in den Ortsteilen Bertoldshofen, dessen Pfarrkirche manchen Besucher herführt, Geisenried, Leuterschach, Rieder, Sulzschneid und Thalhofen. Die 200 Jahre alte Lindenallee, am Schloss beginnend, ist der Anfang des »Prälatenweges«, der zum 140 km entfernten Kochel am See führt.

SEHENSWERTES

Altstadt

Die spätgotische *Frauenkirche* liegt mitten im Zentrum neben dem alten

Barocke Säulen im Kloster Irsee

Rathaus. Die Rokoko-Stadtpfarrkirche *St. Martin* wurde 1732–38 durch den einheimischen Baumeister Johann Georg Fischer errichtet. Daneben liegt ein 1723–28 erbautes, ehemaliges *Fürstbischöfliches Schloss,* ebenfalls ein Werk Fischers. Heute ist es Sitz der Bayerischen Musikakademie, die den renommierten Internationalen Kammerchorwettbewerb und das Festival Musica Sacra International mit geistlicher Musik ausrichtet *(Tel. 08342/961 80).*

Künstlerhaus Marktoberdorf
Das neue Museum beherbergt mit rund 200 Gemälden und Skulpturen verschiedener Stilrichtungen die wohl umfangreichste Sammlung zeitgenössischer Kunst aus Schwaben. *Di–Sa 15–18, So 13–18 Uhr, Kemptener Str. 5, www.kuenstlerhaus-marktoberdorf.de*

Stadtmuseum
Stadt- und Wirtschaftsgeschichte im Martinsheim, *So 10–12 und 14–16, Mi 14–16 Uhr.* Ein Stockwerk darüber das Riesengebirgsmuseum, mit Schwerpunkt auf dem böhmischen Kreis Hohenelbe. *Mi 10–12 und 13.30–15.30, Fr 10–12, am 1. So im Monat 10–12 Uhr, Eberle-Kögl-Str. 11*

ESSEN & TRINKEN ÜBERNACHTEN

Fentilator
Abendlokal mit Biergarten. *Di–Do ab 16, Fr und Sa ab 14, So ab 10 Uhr, Mühlsteig 30, Tel. 08342/66 95, €*

Modeon-Restaurant
In der Stadthalle Modeon. *Ganztägig und nach Veranstaltungen geöffnet, Schwabenstr. 58, Tel. 08342/401 34, €€*

Hotel Sepp
Modernes Haus mit Gartenlokal. *60 Zi., Bahnhofstr. 18, Tel. 08342/70 90, Fax 70 91 00, €€*

AUSKUNFT

Touristikbüro
Im Rathaus, Postfach 13 53, 87611 Marktoberdorf, Tel. 08342/40 08 46, Fax 40 08 65

ZIEL IN DER UMGEBUNG

Auerberg **[121 D2]**
★ 8 km entfernt liegt bei Stötten der Auberg (1055 m), der über eine Fahrstraße von Bernbeuren (Pfaffenwinkel) zu erreichen ist. Bei klarem Wetter soll man von der Höhe auf bis zu 230 Ortschaften blicken können. Der Gipfel wird gekrönt von der St.-Georgs-Kirche mit romanischem Turm.

NESSELWANG

[120 A4] Der 850 m hoch gelegene Luftkur- und sehr beliebte Ferienort (3500 Ew.), der unter dem Durchgangsverkehr gelitten hatte, ist dank der Autobahn A 7 erheblich entlastet worden. Für Wohnmobile sind etwa 50 Stellplätze ausgewiesen.

SEHENSWERTES

Maria Trost
Wallfahrtskirche auf dem Wanker Berg (1123 m), 1662 geweiht, mit Rokokoausstattung und Kreuzweg, 45 Min. zu Fuß. *Juli–Sept. So*

14–16.30 Uhr, sonst Blick durch das Gittertor

ESSEN & TRINKEN ÜBERNACHTEN

Brauerei & Hotel Post
Historischer Brauereigasthof mit deftiger Küche, Erlebniswochenende rund ums Bier, Brauerschmaus, Brauereimuseum *(Führung Mo 18 und Di 10 Uhr). 22 Zi., Hauptstr. 25, Tel. 08361/309 10, Fax 309 73,* €€

Brauereigasthof Bären
Mit Biergarten und Festsaal. *In der Nebensaison Mi geschl., Hauptstr. 3, Tel. 08361/32 55,* €

Kronenhütte
Berggaststätte im Wander- und Skigebiet Nesselwang. Schmankerl-Speisekarte. *Mittelstation der Alpspitzbahn, Mo und Di geschl., Tel. 08361/31 70,* €

Feriendorf Reichenbach
98 Ferienhäuser (65–105 m^2) in Hanglage, dazu 20 Wohnungen (50 m^2) in vier Apartmenthäusern. 2 km zum Grüntensee. *Verwaltung: Sonnenhäuser, Bürgermeister-Martin-Str. 8, 87484 Nesselwang-Reichenbach, Tel. 08361/616, Fax 31 91, www.ferien-landhaeuser.de*

FREIZEIT & SPORT

Schönes Wandergebiet an Alpspitz (1629 m) und Edelsberg (1625 m), von dort führt der Ostallgäuer Höhenweg in die Ammergauer Alpen; Erholung an Kögelweiher und Attlesee; Alpspitz-Bade-Center *(Mo–Fr 10–22, Sa und So 9–22 Uhr, Tel. 08361/92 16 20)*; 1000 m lange Sommerrodelbahn.

Über den Dächern von Nesselwang

AUSKUNFT

Gästeinformation
Lindenstr. 16, 87482 Nesselwang, Tel. 08361/92 30 40, Fax 92 30 44, www.nesselwang.de

PFRONTEN

[120 A–B 4–5] Bedeutender Luftkurort auf 900 m, ein Konglomerat fast zusammengewachsener Dörfer (8000 Ew. in 13 Ortsteilen). Die Ortsbezeichnung steht für eine ganze Tallandschaft mit dem Zentrum Pfronten-Ried. Die Lage des Ortes unterhalb der Tannheimer Berge ermöglicht anspruchsvolle Bergwanderungen und bequeme Talspaziergänge. Es gibt auch Kuren, spezifisch: Heukur mit Wickeln von Bergwiesenheilkräutern.

SEHENSWERTES

Falkenstein
★ Deutschlands höchste Burgruine (1268 m). Die kleine Straße auf den Falkenstein wurde samt einer Wasserleitung im Auftrag Ludwigs II. angelegt. Seinen Plan, auf dem Falkenstein ein weiteres Traumschloss zu errichten, konnte er nicht verwirklichen.

Pfarrkirche St. Nikolaus
Kirche mit weithin sichtbarem hohem Turm; die »Kuppel« ist gemalt. *Ried, Kirchsteige*

ESSEN & TRINKEN

Dorfwirt
Die beiden Wirte haben mit antikem Mobiliar versucht, die Atmosphäre eines alten Dorfwirtshauses wachzurufen. Mi volkstümliche Musik, Do frische Haxen. *Tiroler Str. 36, Tel. 08363/493,* €

Fallmühle
Ausflugsziel im Achtal. *Do geschl., Achtalstr. 62, Tel. 08363/481,* €

St. Magnus
Gourmetrestaurant im Komforthotel *Alpenhotel Krone*. Das Gebäude entstand um 1770 als hochstiftisches Amtshaus. *32 Zi., Tiroler Str. 29, Pfronten-Dorf, Tel. 08363/690 50, Fax 690 55 55,* €€€

Vilstalsäge
Das Lokal ist ein gut besuchtes, beliebtes Ausflugsziel. *Mo geschl., Do abends bayerisches Büfett, Vilstalstr. 93, Tel. 08363/255,* €

Regenerativ

Strom aus Gülle und weiße Kohle

Dem Himmel nahe können sich Reiselustige im Allgäu nicht nur aufgrund der voralpinen Höhenlagen fühlen, sondern auch wegen der vielen Sonnenstunden. Neben Sonnenenergie haben hier auch Wasserkraft und Pflanzenenergie ein Zuhause, zum Beispiel in den großen Holzheizanlagen von Kempten, Leutkirch oder Buchenberg.

Der Nase nach lassen sich im Allgäu allerdings weit mehr biologische Energiekraftwerke entdecken: Wo Gülle aus Bauernhöfen eher erdig riecht und weniger stinkt als sonst, haben Biogasanlagen die Kraft aus ihren Abgasen gezogen – verbrannt wie in Automotoren zu Hitze und mechanischer Kraft. Damit werden kleine Stromgeneratoren zur hofeigenen Elektrizitätsversorgung angetrieben.

Wer die Quellen der »weißen Kohle des Allgäus« erleben möchte, kann Dutzende von Wasserkraftwerken bewundern, etwa in alten Mühlen und Gewerbebetrieben. Der Mangfall, über den der Lech in Füssen gut 7 m zu Tal stürzt, gehört zum Stauwehr einer alten Wasserkraftturbinenanlage aus dem 19. Jh.

ÜBERNACHTEN

Bavaria
Abseits gelegen, mit Feinschmeckerküche und Bäderabteilung. *51 Zi. und Apartments, Pfronten-Dorf, Kienbergstr. 62, Tel. 08363/90 20, Fax 68 15, €€€*

Berghof
In Meilingen. *33 Zi. und Apartments, Falkensteinweg 13, Tel. 08363/911 30, Fax 91 13 25, €€*

Bergpanorama
Haus in Weißbach mit Bäderabteilung und Bergwiesenheukur. *47 Zi., Röfleuter Weg 14, Tel. 08363/911 90, Fax 91 19 11, €*

Burghotel auf dem Falkenstein
Gute Küche. Das über 100-jährige Haus in herrlicher Lage wurde vor einigen Jahren umgebaut. *8 Apartments, Tel. 08363/91 45 40, Fax 914 54 44. Auffahrt zum Burghotel erst ab 18 Uhr, ausgenommen Hotelgäste, €€*

Parkhotel Flora-Concordia
Das Haus besticht durch das einzigartige Panorama und die freie Lage. *49 Zi. und Apartments, Weißbach, Auf der Geigerhalde 43, Tel. 08363/90 30, Fax 10 02, €*

FREIZEIT & SPORT

Alpenbad mit Hallen- und Freibädern in Meilingen *(Tel. 08363/85 85)*. Kajakfahren auf der Vils, Klettergarten, Skilaufen, Winterwanderungen. Eissporthalle in Heitlern *(im Kurpark, Tel. 08363/16 35)*. Die Breitenbergbahn führt in Viererkabinen bis Hochalpe (1457 m), weiter mit Hochalpsesselbahn zum Breitenberg (1838 m). *Tel. 08363/58 20 oder 392*

AUSKUNFT

Gästeamt
Vilstalstr. 2, 87459 Pfronten, Tel. 08363/698 88, Fax 698 66, Schnee-Tel. 08363/392, www.pfronten.de

ZIEL IN DER UMGEBUNG

Eisenberg **[120 B4]**
Zu dem 4 km entfernten Erholungsort, dessen 1150 Ew. sich auf 17 Dörfer und Weiler verteilen (800–1050 m), gehören die beiden auf der Höhe gelegenen phantasieanregenden ★ Ruinen der Ritterburgen Eisenberg und Hohenfreyberg. Insider Tipp Beide sind von der mit dem Auto zugänglichen *Schlossbergalm* in 20 Min. zu Fuß erreichbar. Grabungsfunde im Burgenmuseum *(Sa, So und feiertags 13–16 Uhr, Zell, Dorfstr. 12, Eintritt frei)*. Die barocke Gnadenkapelle *Maria Hilf in Speiden* (1635) verfügt über ein Gnadenbild aus dem 14. Jh. und Wessobrunner Stuckatur. Daneben liegt die Wallfahrtskirche (1664) mit Rokokoaltären und Schnitzarbeiten. *Kirchenführung Tel. 08363/67 50 (Pfarramt), Informationen im Verkehrsamt Eisenberg, Pröbstener Str. 9, 87637 Eisenberg, Tel. 08364/12 37, Fax 98 71 54, www.eisenberg-allgaeu.de*

SCHWANGAU

[121 D5] Ein Dorf (3800 Ew.), das auch Japaner kennen, denn im Ortsteil Hohenschwangau liegen zwei der bayerischen Königsschlösser. Der heilklimatische Kurort, 792 m, eignet sich als Station für Ausflüge.

SEHENSWERTES

Schloss Hohenschwangau

★ Vormals Schwanstein, eine Burg aus dem 12. Jh., in den Napoleonischen Kriegen zerstört und 1833–37 als Sommersitz des späteren bayerischen Königs Maximilian II. nach Entwürfen des Theatermalers Domenico Quaglio wieder errichtet. Im Innern Malereien nach Entwürfen von Moritz von Schwind. Fotografieren verboten. *Geöffnet wie Schloss Neuschwanstein, 7 Euro*

Schloss Neuschwanstein

★ Eine der, wenn nicht *die* beliebteste Sehenswürdigkeit Deutschlands. Von Ludwig II. an Stelle der Ruine Vorder-Hohenschwangau nach Entwürfen des Theatermalers Christian Jank 1869–86 in neuromanischem Stil erbaut. Vorbild war die Wartburg. Im Innern üppige Ausstattung (Thronsaal, Sängersaal) mit Wandmalereien nach Motiven aus Richard Wagners Opern. Fußweg von den Parkplätzen oder über die Rodelbahn (beim Hotel *Lisl)* knapp 30 Min. Der schönste (anstrengendere) Weg führt durch die Pöllatschlucht (Kolomanstr., Pöllatweg). Am bequemsten: Bus nahe zum Aussichtspunkt »Jugend«, von dort auf Asphalt bergab. Vom Aussichtspunkt 5 Min. zur Marienbrücke über die Pöllatschlucht. Vor oder nach den Öffnungszeiten der Schlösser ist es ruhig hier. Fotografieren verboten, Wartezeiten einplanen. *Geschl.: 1. Jan., Faschingsdienstag, 1. Nov., 24., 25. und 31. Dez., Öffnungszeiten beider Schlösser: April–Sept. 9–18, Do bis 19, Okt.–März 10–16 Uhr, Führungen (35 Min.) in den Wintermonaten meistens zur vollen Std., sonst je nach Andrang, Eintrittskarten nur im Ticketcenter Hohenschwangau, Tel. 08362/93 08 30, www.ticketcenter-hohenschwangau.de, 7 Euro*

St. Maria und Florian

Gotische, innen barockisierte Kirche an historischem Platz; hier sollen Magnus und Tosso 746 die erste Kirche gegründet haben. *Waltenhofen, am Forggensee*

Wallfahrtskirche St. Coloman

Die Wallfahrtskirche, dem irischen Märtyrer Coloman geweiht, 1671–85 erbaut von dem Wessobrunner Johann Schmuzer, ist sicher eine der meistfotografierten Kirchen. *Öffnungszeiten und Termine für Führungen bei der Kurverwaltung*

ESSEN & TRINKEN ÜBERNACHTEN

Allgäuer Urlaubsdorf

146 Häuser in zwei Typen (64 und 87 m²), auf der Höhe über dem Oberen Lechsee gelegen, mit schönem Panorama. *Hochbergle 2, Lechbruck am See, Tel. 08862/77 11, Fax 77 13 87*

Alpenhotel Meier

Im rustikalen Restaurant anspruchsvolle klassische und neue Küche. *15 Zi., Di geschl., Schwangauer Str. 37, Tel. 08362/811 52,* **€€**

Drehhütte

Ausflugsziel in 1210 m Höhe, das in 1 Std. bequem zu Fuß zu errei-

In aller Welt bekannt: König Ludwigs II. Lieblingsschloss Neuschwanstein

chen ist. Wildgerichte. Mi Fackelwanderung. *Ganzjährig geöffnet, Mo (Nebensaison auch Di) geschl., Tel. 08362/85 85, €, 20 Min. oberhalb liegt die nur im Sommer bewirtschaftete Rohrkopfhütte*

Gasthof am See

Traditionsreicher Gasthof in ruhiger Lage am Forggensee, regionale Küche, eigene Konditorei. *22 Zi., Di geschl., Waltenhofen, Forggenseestr. 81, Tel. 08362/930 30, €*

Müller

Schöne, intime Gasträume, gepflegte Küche. *45 Zi., Alpseestr. 16, Tel. 08362/819 90, Fax 81 99 13, €€€*

Rübezahl

Familienfreundliches Hotel, Wellness- und Beautyangebote. Ausgezeichnete neue und regionale Küche. *Mi geschl., 34 Zi. und Apartments, Am Ehberg 31, Tel. 08362/83 27, Fax 817 01, www.neuschwanstein-hotel.com, €€*

Schloßhotel Lisl

Dependance *Jägerhaus* im Stil der Zeit um 1900 restauriert. Rustikale Brotzeit im Bräustüberl. *56 Zi., Neuschwansteinstr. 1, Tel. 08362/88 70, Fax 811 07, €€–€€€*

FREIZEIT & SPORT

★ Tegelbergbahn auf 1720 m, Panoramarestaurant; ehemaliges königliches Jagdhaus. Alpenlehrpfad *(Tel. 983 60)*. In Buching Sesselbahn auf den Buchenberg (1142 m). *Tel. 08368/507*

AUSKUNFT

Kurverwaltung

Münchener Str. 2, 87645 Schwangau, Tel. 08362/819 80, Fax 81 98 25, www.schwangau.de

Weite Sicht in hügeligem Land

Eine heile bäuerliche Landschaft für Menschen, die Hektik verabscheuen

Geologisch wird die Landschaft des Unterallgäus durch die Lech-Iller-Platte bestimmt. Das Auge schweift über Hochebenen, durch die sich Flüsse Bahn gebrochen haben und aus denen sich einzelne Molasseaufschüttungen erheben. Das Allgäu endet im Norden ungefähr auf der Linie Buchloe–Mindelheim–Memmingen. Die touristische Infrastruktur ist dünn, umso herzlicher empfängt man Urlauber und Durchreisende. Es ist eine Region für Menschen, die Hektik verabscheuen. Alle Ziele im Ost- und Oberallgäu sind von hier leicht zu erreichen, das Alpenpanorama ist meist wunderbar zu sehen.

BAD GRÖNENBACH

[112 C5] Das Dorf, das bereits im 17. Jh. ein Badehaus besaß (Heilbad Clevers), hat seine Entwicklung mit dem Prädikat »Bad« gekrönt. Der Kneipp-Kurort mit mehreren Fachkliniken und Sanatorien hat seinen ländlichen Charme nicht verloren. 5100 Ew. in vier dörflichen Ortsteilen (680–790 m).

Über tausend Jahre Tradition: die Barockbasilika von Ottobeuren

Einladung zum Übernachten

SEHENSWERTES

Klostergarten am Hohen Schloss
Kreislehrgarten auf den 4000 m^2 des alten Klostergartens in idyllischer Anlage mit heimischen und exotischen Gewächsen, Bauern- und Kräutergarten und vielfältigen Obstbaumsorten.

St. Philipp und Jakob
Die barockisierte Stiftskirche aus dem 15. Jh. ist im 19. Jh. regotisiert worden. Sehenswerte romanische Krypta. *Stiftsberg*

ESSEN & TRINKEN ÜBERNACHTEN

Kohlenschieber
Nette Leckereien und deftige Brotzeiten. *So geschl., Marktplatz 4b, Tel. 08334/78 37, €*

Das Woringer Häusle im Schwäbischen Bauernhofmuseum Illerbeuren

Landhotel Grönenbach
Neues Haus von intimem Charakter, mit Bäderabteilung. *23 Zi., Ziegelberger Str. 1, Tel. 08334/984 80, Fax 98 48 58, €€*

AUSKUNFT

Kurverwaltung
Marktplatz 5, 87730 Bad Grönenbach, Tel. 08334/605 31, Fax 61 33, www.bad-groenenbach.de

FREIZEIT & SPORT

Insider Tipp

Eine ungewöhnliche Mischung: Persönlichkeitsseminare, medizinische Therapien zur Stärkung des Immunsystems und Malkurse im Atelier Reinhard Blank bietet das Kultur- und Gesundheitszentrum in der idyllisch gelegenen Villa Thal. *Unterthal 36a, Tel. 08334/98 66 26, www.kultur-gesundheit-36a.de*

KRONBURG

Insider Tipp

[112 C4] Dörflicher Mittelpunkt des malerisch gelegenen »Illerwinkels« mit Illerbeuren, Lautrach und Legau sowie knapp 50 Weilern mit zusammen 5500 Ew., auf 630 bis 730 m gelegen.

SEHENSWERTES

Bauernhofmuseum
★ Anschauliche Einblicke in frühere Lebens- und Arbeitsverhältnisse vermittelt das *Schwäbische Bauernhofmuseum.* Führung nach Anmeldung *(Tel. 08394/14 55).* Dem Museum angeschlossen sind eine

Zweigstelle des Deutschen Brotmuseums in Ulm und das Schwäbische Schützenmuseum. *St.-Ulrich-Sölde 1, März und 16. Okt.–Nov. Di–So 10–16, April–15. Okt. 9–18 Uhr, Museumstr. 8, Illerbeuren, 3,50 Euro, www.bauernhof.museum.de*

Maria Steinbach
Pfarr- und Wallfahrtskirche in überwältigendem Rokoko aus dem 18. Jh. Wallfahrtsmuseum mit Votivbildern und Weihegaben *(So 10–11 Uhr). Legau, Ortsteil Maria Steinbach*

ESSEN & TRINKEN ÜBERNACHTEN

Brauerei-Gasthof Kronburg
Gemütliche Wirtschaft, großer Biergarten. *Mo und Di geschl., Hauptstr. 21, Tel. 08394/237, €*

Insider Tipp **Gasthaus Gromerhof**
Gemütliche Einkehr in der Gaststätte im Bauernhofmuseum Illerbeuren mit bodenständiger Küche. *Mo geschl., Tel. 08394/594, €*

Gästehaus Schloß Kronburg
12 mit exklusiven Stilmöbeln eingerichtete Ferienwohnungen im Gästehaus unterhalb des Schlosses in großzügiger Gartenanlage. *Woringer Str. 5, Tel. 08394/92 10, 271, Fax 16 71, im Schloss Sommerkonzerte und Führungen, Tel. 08394/271*

FREIZEIT & SPORT

Bootfahren auf der Iller, Fährbetrieb von *Josef Fischer, Wagsberg 8, Tel. 08394/664.* Radwanderweg auf der Trasse des einstigen »Legauer Bähnles« nach Memmingen, Rundtour von 45 km über Illerbeuren und am Illerstausee entlang.

AUSKUNFT

Gemeinde Kronburg
Museumstr. 1, 87758 Kronburg, Tel. 08394/206, Fax 15 92, www.kronburg.de

MEMMINGEN

[112 C3] Liebenswerte Mittelstadt (41 000 Ew., 595 m) mit geschlossenem Altstadtkern; fünf der ehedem 37 Tore und Türme und 2,5 km der Stadtmauer (nicht begehbar) sind erhalten. Von alters her günstige Lage an der Kreuzung wichtiger Handelsstraßen.

MARCO POLO Highlights »Unterallgäu«

★ **Basilika in Ottobeuren**
Auch das Museum wird Sie beeindrucken! (Seite 85)

★ **Kartause von Buxheim**
Strenge Regeln des Ordens im Museum (Seite 84)

★ **Memmingen**
Rundgang durch die Altstadt (Seite 82)

★ **Bauernhofmuseum**
Sehen, wie man in alten Zeiten lebte (Seite 80)

SEHENSWERTES

Altstadt

★ Rundgang: Rathaus (Renaissance), Steuerhaus, Großzunft, Parishaus (Rokoko), Grimmelhaus (Stuckaturen des 18. Jhs.), Hermannsbau (spätbarocker Palazzostil), Westtor, Fuggerbau (Stadtschloss der Fugger), Siebendächerhaus (diente den Gerbern zum Trocknen der Felle), Frauenkirche mit Freskenzyklus, Kemptner Tor, Lindauer Tor, Kramerzunfthaus, Kreuzherrnkirche. *Mehrmals im Monat, meistens Fr 19 Uhr, Stadtführungen, u. a. Gruselführung mit Nachtwächter: Tragisches und Komisches aus der Memminger Kriminalgeschichte an Original-»Tatorten«, Termine bei der Stadtinformation oder im Internet, Gruselpreis 5 Euro*

Insider Tipp

St. Martin

Evangelische Hauptkirche aus dem 15. Jh. mit Wandmalereien und gotischem Chorgestühl. *Mai–Sept. tgl. 14.30–17, Okt. 14–16, Mai–Okt. zusätzlich Sa 10–12 Uhr, Martin-Luther-Platz, Mai–Okt. tgl. 15 Uhr Führung auf den Turm*

MUSEEN

Museen im Antonierhaus

Sanierter, vierflügeliger Bau des Antoniterordens aus der zweiten Hälfte des 15. Jhs. Im *Antoniter-Museum* wird die traditionelle Krankenfürsorge des Ordens dargestellt. Im *Strigel-Museum* Sammlung alter Kunst, insbesondere des Memmingers Bernhard Strigel (1460–1528), *Di–Sa 10–12 und 14–16 Uhr, So und feiertags 10–12.30 und 13.30–17 Uhr, Führungen 1. So 11 und 3. Do 17 Uhr, Martin-Luther-Platz 1, 2 Euro*

Parishaus

In der städtischen Galerie im Parishaus Dauerausstellung des Mem-

Genießen vor stilvoller Fassade: in der Altstadt von Memmingen

minger Malers Max Unold, eines Vertreters der klassischen Moderne. Schon das Innere des Rokokopalais lohnt einen Besuch. *Mi 15–17, Sa und So 10–12 Uhr, Ulmer Str. 9, Eintritt frei*

Stadtmuseum im Hermansbau
Im 1766 erbauten Palais der Kaufmannsfamilie von Herman mit einigen möblierten Räumen ist die Geschichte der Reichsstadt Memmingen dargestellt; außerdem sind Fundstücke aus Vor- und Frühgeschichte, Künersberger Fayencen und das *Museum Freudenthal* zu sehen. *Mai bis Okt. Di–Fr sowie So und feiertags 10–12 und 14–16 Uhr, Zangmeisterstr. 8, 2 Euro*

ESSEN & TRINKEN

d'rescht – engagierte küche
Für »Genussesser und Grappaliebhaber«. Leichte, mediterran geprägte Küche mit frischen regionalen Erzeugnissen, Wechselausstellungen. *Mo und Di geschl., Bahnhofstr. 63, Hawangen, Tel. 08332/269, €€€*

Zur Blauen Traube
Gehobene Küche, Weinstube, jedoch auch legeres Bistro. *So und feiertags geschl., Kramerstr. 8, Tel. 08331/33 26, €€*

Insider Tipp **Zum Goldenen Löwen**
Sorgfältig zusammengestellte Weinkarte, altes Interieur, museumsreifer Ofen in der Gaststube. *Tgl. geöffnet, Schrannenplatz 2, Tel. 08331/52 90, €€*

Grünes Haus
Modern eingerichtet, leichte Küche mit frischen Zutaten. *Mo geschl., Lindenstr. 11, Tel. 08331/20 08, €*

Insider Tipp **Zum Strauß**
Eine »Berliner Kneipe« aus der Jugendstilepoche mit schönem Biergarten. *Tgl. 11–14 und 17–1 Uhr, Ulmer Str. 13, €*

Weinhaus Weber am Bach
Gourmetküche mit hausgemachten schwäbischen Spezialitäten. *Tgl., Untere Bachgasse 2, Tel. 08331/24 14, €€*

EINKAUFEN

akzente
Funktionsgerechte und modeunabhängige Designkultur mit Haushaltsartikeln und Möbeln bei Doris Riedmiller. Dazu Galerie mit zeitgenössischer Kunst. *Ulmer Str. 12*

ÜBERNACHTEN

Falken Garni
Angenehmes Mittelklassehaus im Zentrum. *39 Zi., Rossmarkt 3–5, Tel. 08331/945 10, Fax 945 15 00, €€*

Parkhotel an der Stadthalle
Zentral gelegen, Biergarten, regionale Gerichte. *90 Zi., Ulmer Str. 7, Tel. 08331/93 20, Fax 484 39, €€*

AM ABEND

Über das rege Veranstaltungsleben informiert der »Memminger Monat«. Stadttheater, Theater am Schweizerberg, Parterretheater im Künerhaus.

AUSKUNFT

Stadtinformation
Marktplatz 3, 87700 Memmingen, Tel. 08331/85 01 72, Fax 85 01 78, www.memmingen.de

Chorgestühl im Kartausenmuseum von Buxheim

ZIEL IN DER UMGEBUNG

Buxheim **[112 B3]**
★ Deutsches Kartausenmuseum in der ehemaligen Reichskartause, mit Kreuzgang, Kartausenkirche mit 1980 aus englischem »Exil« zurückgewonnenem barockem Chorgestühl, Annakapelle, Bibliothekszelle. *April–Okt. Mo–Fr 10–12 und 13 bis 17, Sa, So und feiertags 14–16 Uhr, 2,50 Euro*

Insider Tipp

MINDELHEIM

[114 A2] Wie eine Insel behauptet sich das Städtchen (607 m) im Ost-West-Verkehrsfluss, der um die Mauern herumgeleitet wird. Die 1046 erstmals erwähnte Kreisstadt (14 000 Ew.) verbindet Zeugnisse ihrer bewegten Geschichte mit ihrer Mittelpunktsfunktion im Landkreis Unterallgäu.

SEHENSWERTES

Jesuitenkirche
Die 1626 vollendete Kirche Mariä Verkündigung, die zu dem später säkularisierten Jesuitenkolleg gehörte, hat eine großartige spätbarocke Ausstattung. *Maximilianstr.*

Liebfrauenkapelle
Kapelle des bereits 1360 erwähnten Leprosenheims; der Raum für die Aussätzigen ist erhalten. Frühbarocke Ausstattung mit bedeutendem Relief. *Memminger Str. 9 (Schlüssel im Haus neben der Kapelle, Frau Ganz, Tel. 08261/93 86)*

Insider Tipp

Stadtführungen
Kostenlose Stadtführungen von Mai bis Oktober finden an jedem 2. und letzten Samstag im Monat statt. *Treffpunkt 14.30 Uhr am Rotkreuzplatz, Sonderführungen, Buchung im Verkehrsbüro*

MUSEEN

Südschwäbisches Archäologiemuseum
Funde aus dem südlichen Schwaben, Zweigmuseum der archäologischen Staatssammlung München. *Di–So 10–12 und 14–16 Uhr, Hermelestr. 4, Dachgeschoss, 1,50 Euro (für die drei Museen im Haus)*

Schwäbisches Krippenmuseum
Überblick über Bilderwelt um Kindheit und Passion Jesu, Krippenbrauchtum seit dem 16. Jh. *Di–So 10–12 und 14–16 Uhr, Hermelestr. 4, 1. Obergeschoss*

Textilmuseum
Geschichte des Webens, Textiltechnologie, kunsthistorische Dokumen-

tation. *Di–So 10–12 und 14–16 Uhr, Hermelestr. 4, 2. Obergeschoss*

Turmuhrenmuseum
Im Kapellturm der ehemaligen Silvesterkirche sind etwa 45 Turmuhren aus der Nähe zu betrachten. *Mi 14–16 Uhr, Führungen am letzten So im Monat 10–12 und 14–16 Uhr, Hungerbachstr. 9, 1,50 Euro*

ESSEN & TRINKEN ÜBERNACHTEN

Alte Post
380 Jahre Gasthausgeschichte. Komfortabel, persönlich geführt. *42 Zi., Maximilianstr. 39, Tel. 08261/76 07 60, Fax 760 76 76, €€*

Burggaststätte
Auf der Mindelburg, St. Georgenberg. *Di geschl., Tel. 08261/14 73, €*

Gasthof zur Laute
Französische Küche (eines Elsässers). *Do geschl., Lautenstr. 8, Tel. 08261/39 58, €€*

Weberhaus
Gehobene Küche in heimeligem Stübchen, Café. *Di geschl., Mühlgasse 1, Tel. 08261/36 35, €€*

AUSKUNFT

Verkehrsbüro
Maximilianstr. 27, 87719 Mindelheim, Tel. 08261/73 73 00, Fax 73 79 29, www.mindelheim.de

ZIEL IN DER UMGEBUNG

sider pp

Katzbrui-Mühle **[113 F3]**
Schön gelegenes Ausflugslokal *(Pension, 15 Zi., €)* 15 km entfernt im Quellgebiet der Westernach, einzigartige bäuerlicher Getreidemühle von 1661. *Apfeltrach-Köngetried, Tel. 08261/575*

OTTOBEUREN

[113 D4] Wer an Ottobeuren denkt, meint zunächst immer die Barockbasilika. Der Kneipp-Kurort (8000 Ew.) im Tal der Westlichen Günz (660 m) schöpft aus der Tradition. Bereits um 550 gegründet, beherbergt Ottobeuren seit 764 eine Benediktinerabtei. Die gewaltige Klosteranlage entstand 1711–25, die das Ortsbild prägende Basilika 1737–66. Trotz Golfplatz und Reithalle, trotz anspruchsvollem Konzertpublikum, das berühmten Interpreten in die Basilika, den Kaisersaal oder die Erlöserkirche folgt (Pauschale für Musikfreunde: »Klassik im Kloster«, Jahresprogramm und Buchung im Touristikamt), ist der Ort allen mondänen Versuchungen abhold geblieben. Musikmeditation, Studienwoche, Besinnungstage und »Kloster auf Zeit« betonen den spirituellen Charakter des kulturellen Lebens.

SEHENSWERTES

Allgäuer Volkssternwarte
Den Sternenhimmel über dem Allgäu kann man durch das Teleskop, eines der größten Deutschlands, betrachten. *Am Konohof, Dr.-Friedrich-Kuhn-Weg, Fr ab 19.30 Uhr, 3 Euro*

Basilika
★ Die Klosterkirche zur Hl. Dreifaltigkeit ist eine der großartigsten deutschen Barockkirchen. Dem mächtigen Eindruck aus der Ferne

entsprechen die Dimensionen im Innern. Bei der Besichtigung weitet sich das scheinbare Langhaus zur Kreuzform. Der Blick schweift zu den Kuppeln empor; die Vierungskuppel ist 25 m hoch. *9 Uhr bis Sonnenuntergang, Kirchenführungen,* Insider Tipp *kostenlose Orgelkonzerte Feb.–Nov. Sa 16 Uhr*

MUSEUM

Insider Tipp **Benediktinermuseum**
Das Museum in der Benediktinerabtei, in der heute noch 24 Mönche leben, vermittelt einen Eindruck von der Bedeutung des einstigen Reichsstiftes. *Tgl. 10–12 und 14–17 Uhr, im Winter eingeschränkt, 2 Euro*

ESSEN & TRINKEN ÜBERNACHTEN

Hotel-Restaurant Engel
Deftige Küche, Café mit hausgemachtem Gebäck. *Fr geschl., Luitpoldstr. 3, Tel. 08332/920 80, €*

Hotel Hirsch
Braugasthof mit Gästehaus *Post* und Bäderabteilung. *65 Zi., Marktplatz 12, Tel. 08332/79 90, Fax 79 91 03, €–€€*

Park-Café
Hier wird ein Kult um den Windbeutel getrieben: 16 verschiedene werden angeboten. *Mo und Di geschl., Memminger Str. 2, €*

AUSKUNFT

Touristikamt Kur & Kultur
Marktplatz 14, 87724 Ottobeuren, Tel. 08332/92 19 50, Fax 92 19 93, www.ottobeuren.de

BAD WÖRISHOFEN

[114 B–C 2–3] Aus einem bescheidenen schwäbischen Dorf (626 m, 14 800 Ew.) ist dank des Priester-Arztes Sebastian Kneipp (1821–97) eine in aller Welt bekannte Badestadt geworden, Anziehungsort vor allem für ältere Menschen, die hier kuren oder ihren Lebensabend verbringen. Kneipp, der sich aus armen Verhältnissen in den geistlichen Beruf durchgekämpft hatte, war 1855 in das Wörishofener Dominikanerinnenkloster als Beichtvater und wirtschaftlicher Berater der Ordensfrauen berufen worden.

SEHENSWERTES

Kirchen
Pfarrkirche St. Justina, mit spätgotischem Kirchturm, das Deckengemälde von 1936 zeigt Kneipp, der hier ordiniert war. *Klosterkirche Maria Königin der Engel,* von Dominikus und Johann Baptist Zimmermann ausgestattet; in der Marienkapelle Kräuter, die Kneipp verwendet hat.

Sebastian-Kneipp-Museum
Das Museum im Kloster veranschaulicht die Lebensverhältnisse des 19. Jhs., Kneipps Lebensweg und die Entwicklung der Kneipp-Bewegung. *15. Jan.–15. Nov. Di–So 15–18 Uhr, 2 Euro*

ESSEN & TRINKEN ÜBERNACHTEN

Hotel Adler
Dorfwirtshaus, herzhafte Kost. *48 Zi., Fr geschl., Hauptstr. 40, Tel. 08247/963 60, Fax 963 63 00, €*

Jagdhof Schlingen
Attraktives Speise- und Tanzlokal. *Mo und Di geschl., Allgäuer Str. 1, Tel. 08247/48 79, Fax 25 34, €€*

Café Schwermer
Traditionscafé, Confiserieprodukte. Spezialität: Marzipan. *Tgl. 10–18 Uhr, Hartenthaler Str. 36, €€€*

Kurhotel Kreuzer
1889 gegründet, ist es das älteste Kneipp-Kurhotel. *96 Zi., Fidel-Kreuzer-Str. 1a, Tel. 08247/35 30, Fax 35 31 38, €€€*

Kur- und Sporthotel Tanneck
Schönes und großzügig angelegtes Hotel im Grünen. *94 Zi., Hartenthaler Str. 29, Tel. 08247/30 70, Fax 30 72 80, €€€*

FREIZEIT & SPORT

Tennis, Reiten, Golf, Eislaufen, Bogenschießen, Fallschirmspringen, Modellfliegen. Die Wander- und Radwege sind ohne nennenswerte Steigungen. Kneipp-Wander- (40 km) und -Radweg (50 km) nach Bad Grönenbach. Aroma- und Duftgarten im Kurpark. Ferienprogramm für Kinder (Juli–Sept.). Vier Stauseen im Verlauf der nahen Wertach sind auch für Segler und Surfer geeignet.

AM ABEND

Gesundheitsbildung
Reiches Abendprogramm zur Gesundheitsbildung (von autogenem Training bis Raucherentwöhnung).

Kurhaus/Tanz
Vielfältiges Veranstaltungsprogramm im Kurhaus. In sechs (seriösen) Lokalen wird getanzt; im Sommer jeden Do »Trimm-dich-Tanz« im Kurhaus.

AUSKUNFT

Kurverwaltung
Rathaus, 86817 Bad Wörishofen, Tel. 08247/96 90 55, Fax 323 23, www.bad-woerishofen.de

Entspannen auf der Kurpromenade von Bad Wörishofen

Auf Nebenstrecken und Höhenwegen

Die Touren sind in der Karte auf dem hinteren Umschlag und im Reiseatlas ab Seite 110 grün markiert

1 SCHWÄBISCHE BÄDERSTRASSE: BAROCKE MEISTERWERKE

Der besondere Reiz der Strecke, die acht Moorbäder und Kneipp-Kurorte verbindet, besteht in der Ried- und Hügellandschaft Oberschwabens und des Unterallgäus sowie den Baudenkmälern, namentlich des Barocks. Die Route, meistens über Nebenstraßen führend, ist durch ein Signet mit Zwiebelkirchturm und einer blauen Welle gut ausgeschildert. 3 Std. bis 2 Tage, etwa 140 km.

Von Ulm aus fährt man über die B30 nach Bad Buchau oder, wenn man die Oberschwäbische Barockstraße wählt, über die (längere) B311 zuerst nach *Bad Saulgau* (mittelalterlicher Stadtkern; beliebtes Ziel während der Spargelsaison) mit seinen Schwefelthermen. Im Moor- und Thermalbad *Bad Buchau* sollten Sie über den geologisch und ornithologisch interessanten *Federsee* einen Spaziergang machen, was wörtlich zu nehmen ist: Ein hölzerner Steg führt über das Schilf und den verlandenden See. Das prähistorische Museum informiert anhand von Vorgeschichtsfunden über alt- und jungsteinzeitliche Siedlungen sowie Wohnplätze der Bronzezeit am Federsee. Die einstige Damenstiftskirche St. Cornelius und Cyprian wird überragt von einem gotischen Turm. Ältester Bauteil ist die romanische Krypta.

Zwischen Himmel und Erde: Wandern am Hochgrat

Weiter geht es nach *Bad Schussenried,* zum spätbarocken *Bibliothekssaal* im ehemaligen Prämonstratenserkloster *(tgl. 10–12 und 14–17, Nov.–März nur 14–16 Uhr).* Im *Bierkrugmuseum* sind 500 Jahre Trinkkultur dargestellt; das Ambiente lädt zur Geselligkeit ein *(Di–So ab 10 Uhr, Wilhelm-Schussen-Str. 12).* Ebenfalls sehenswert ist die ehemalige Kloster- und heutige katholische Pfarrkirche aus dem Mittelalter, die in der ersten Hälfte des 18. Jhs. durchgreifend barockisiert wurde. In *Steinhausen,* einem Ortsteil von Bad Schussenried, steht eine berühmte Wallfahrtskirche, ein Bau von bezaubernder Harmonie. 1728–33 erbaut, steht das Gotteshaus in dem Ruf, die »schönste Dorfkirche der Welt« zu sein.

Über *Aulendorf* (katholische Pfarrkirche, Schloss) und *Bad Waldsee,* Moorheilbad und Kneipp-Kurort (katholische Pfarrkirche St. Peter, gotisches Rathaus, Altstadt, Wasserburg), kommen Sie nach *Bad Wurzach (S. 39),* Moorheilbad mit ausgedehntem Naturschutzgebiet, dem *Wurzacher Ried.*

Auf der Weiterfahrt durchs Unterallgäu berühren Sie *Illerbeuren (S. 80),* dessen *Bauernhofmuseum* den Besuch lohnt. Von der Bäderstraße empfiehlt sich ein kurzer Abstecher zur Wallfahrtskirche *Maria Steinbach (S. 81).* Über *Bad Grönenbach (S. 79)* – von hier ein weiterer Abstecher nach Woringen, wo es in der evangelischen Kirche einen gotischen Freskenzyklus zu sehen gibt, – erreichen Sie jenseits der A 7 *Ottobeuren (S. 85)* mit der großartigen *Basilika* und schließlich *Bad Wörishofen (S. 86),* das berühmte Kneipp-Bad.

Es versteht sich, dass man in den Moorbädern und Kneipp-Kurorten der Bäderstraße auch baden kann (Thermal- oder Erlebnisbäder in Bad Buchau, Bad Saulgau, Aulendorf, Bad Waldsee und Bad Wurzach).

2 DEUTSCHE ALPENSTRASSE: PANORAMEN UND ABSTECHER

Wer von seinem Fahrzeug aus Landschaftspanoramen genießen will – hier findet er sein Dorado. 1937 als eine der ersten deutschen Touristenstraßen eröffnet, ist die die Deutsche Alpenstraße heute etwa 440 km lang und führt von Lindau am Bodensee bis zum Königssee bei Berchtesgaden. Allgäu-Strecke rund 150 km, etwa 4 Std.

Ab *Lindau* verläuft die ★ Deutsche Alpenstraße von der A96 ostwärts, steigt empor nach *Lindenberg* und verbindet *Oberstaufen (S. 54)* und *Immenstadt (S. 47).* Von *Sonthofen (S. 60)* geht es über *Bad Hindelang (S. 44)* auf die Jochstraße, eine veritable Passstraße, an *Ober-* und *Unterjoch* vorbei, bei *Wertach* am *Grüntensee* entlang, ostwärts nach *Nesselwang (S. 72)* und auf der B310 nach *Füssen (S. 65),* danach dann auf der Romantischen Straße nordwärts bis *Steingaden.* Am besten, Sie machen einfach dort Rast, wo Sie der siebte Sinn hintreibt. Der Reiz einer Tour auf der Deutschen Alpenstraße liegt allemal auch in den nicht geplanten Abstechern.

Im westlichen Allgäu empfehlen sich hierfür zum Beispiel *Scheidegg (S. 31), Weiler (S. 36)* und *Oberreute,* das sich dank seiner Lage auf dem Sulzberger Rücken (1013 m) den Beinamen »Sonnenbalkon« zugelegt hat. Lohnend ist auch ein kurzer Abstecher ins vorarlbergische *Sulzberg.* Die dortige Pfarrkirche wurde 1828/29 in dem für diese ländlich-gebirgige Gegend reichlich extravaganten Empirestil von Alois Negrelli, dem Planer des Suezkanals, errichtet.

Im Oberallgäu können Sie von der Deutschen Alpenstraße nach *Bühl am Alpsee* abbiegen; oberhalb von *Hindelang* bietet die *Kanzel* einen phantastischen Blick ins Tal. Im Ostallgäu können Sie am Ortseingang von *Füssen* parken und zu Fuß eine Viertelstunde nach *Bad Faulenbach* gehen. Von Schwangau oder von Buching aus bietet sich ein Abstecher zum *Forggensee* an.

Und wenn Sie schon so weit vorgedrungen sind, sollten Sie sich von Füssen aus unbedingt eine kleine Spritztour ins benachbarte Oberbayern gönnen. Auf der Romantischen Straße (B 17) erreichen Sie nach gut 20 km die Ortschaft *Steingaden* mit ihrer sehenswerten ehemaligen Prämonstratenserklosterkirche. Von hier aus ist es dann nur noch ein Katzensprung zur *Wieskirche.* Das 1746–54 erbaute Gotteshaus, Dominikus Zimmermanns Meisterwerk, ist für manche die schönste deutsche Rokokokirche; sie steht Besuchern *täglich von 8–19 Uhr* offen.

3 SCHWARZER GRAT UND WILDER ADELEGG-WALD

★ Der Schwarze Grat (1118 m) auf dem Bergrücken der Adelegg ist der höchste Berg im südlichen Württemberg. Bequemer Aufstieg von Isny oder Kreuzthal in 2,5 Std. Leichte Wanderung bei etwa 300 m Höhendifferenz; auch bequem mit Kindern (ab etwa 8 J.) zu bewältigen.

Die Strecke führt überwiegend auf breiten Forstwegen durch den Wald und ist ausreichend beschildert. Vom Aussichtsturm hat man einen herrlichen Panoramarundumblick über die Voralpenlandschaft; bei klarem Wetter reicht die Sicht bis hin zum Säntis in der Schweiz. Eine Vesper muss man sich mitnehmen.

Wer genügend Muße mitbringt und keine Scheu vor Einsamkeit hat, sollte sich einen ausgedehnten Spaziergang durch den dichten Wald der von Wanderern nahezu vergessenen, aber botanisch hochinteressanten und wildromantischen Adelegg gönnen. Zwischendurch erlaubt der Höhenweg grandiose Licht- und Ausblicke weit über das württembergische Allgäu. Inoffizielle Zugangssteige zur Adel-

Auf der Wiese steht die Wieskirche bei Steingaden

egg finden Sie auch von Bolsterlang, Überruh, Rimpach, Ellmeney, Schmidsfelden, Blockwiesen und Rohrdorf (bei Leutkirch und Isny) aus.

4 AUF DER NAGELFLUH-KETTE DIE WEITE SICHT GENIESSEN

Das Nagelfluhmassiv erstreckt sich vom Hohen Häderich (1568 m) über den Hochgrat (1833 m) zum Mittagberg (1452 m) über insgesamt 20 km. Die klassische Gratwanderung vom Hochgrat zum Mittag ist etwas für Berggewohnte mit Kraftreserven. Volle Bergausrüstung erforderlich, Teleskopstöcke empfehlenswert. Fast ständig weite Sicht – ein Höhepunkt des Allgäu-Urlaubs!

Will man sich Auf- und Abstieg ersparen, die zusammen 4 Std. in Anspruch nehmen, sollte man so früh wie möglich zur Talstation der Hochgratkabinenbahn fahren. Sie können auch im *Staufner Haus* (Insider Tipp) unterhalb der Bergstation übernachten. Die reine Gehzeit beträgt 6,5 bis 7 Std.; die Sesselbahn dort stellt den Betrieb um 16.45 Uhr ein. Wer sich bei den Abstiegen oder Graten (Gefahrenstellen seilgesichert) nicht sicher ist, wählt eine einfachere Variante, indem er bespielsweise die Tour am Stuiben beendet und absteigt.

Von der Bergstation der Kabinenbahn Richtung Hochgrat leicht ansteigend (30 Min.), geht es der Markierung der Fernwanderwege E4 und E5 folgend zum Hochgrat (zusammen etwa 600 Höhenmeter): Sie passieren Rindalphorn, Hündleskopf, Buralpkopf, Sedererstuiben, Stuiben, Steineberg (der Abstieg in Sichtweite des Gipfelkreuzes eignet sich nur für Geübte, der normale Weg führt am Kreuz vorbei). Grundsätzlich sollten Sie dort, wo über Tritte ab- oder aufgestiegen wird, die roten Markierungen beachten. Folgen Sie hinter dem Steineberg nicht mehr der E4/E5-Markierung, die über die Vordere Krumbach-Alpe nach Gunzesried führt. Proviant mitnehmen, keine Einkehrmöglichkeit unterwegs. Bahn- oder Busverbindungen führen von Immenstadt nach Oberstaufen zurück.

5 HÜTTENWANDERUNG ÜBER DEN GIPFELN DER ALLGÄUER ALPEN

Die ★ Krönung aller Allgäu-Wanderungen ist von einzigartigem Reiz und führt 5–8 Tage auf gut markierten Wegen oder Pfaden durch hochalpines Gelände. Etwa 60 km Höhenwege, immer wieder Gratwanderungen. Kondition, Trittsicherheit und Schwindelfreiheit sind erforderlich. Klettersteige sind nicht einbezogen.

1. Tag (etwa 8 Std., auch für weniger Geübte möglich): Fahren Sie von Oberstdorf mit der Söllereckbahn auf 1345 m Höhe. Über den Söllerkopf (1937 m) zum Fellhorngipfel (1967 m), von der Kanzelwand zur *Fiderepasshütte* und weiter auf dem Krumbacher Höhenweg zur *Mindelheimer Hütte* (2013 m), die mit ihrem Umweltkonzept einschließlich Sonnenkollektoren zum ökologischen Vorzeigeobjekt geworden ist. Wem dies zu weit ist, der kann schon in der *Fiderepasshütte* übernachten.

2. Tag: Über den Schrofenpass (1687 m) geht es in etwa 4 Std. zur Rappenseehütte (2092 m). Besteigung des Hochrappenkopfs (2423 m) ist möglich, dabei etwa 1,5 Std. Anstieg.

3. Tag: In Serpentinen zur Großen Steinscharte (2262 m), über ein Schuttfeld, das oft von Schnee bedeckt ist, dem Hohen Licht entgegen. Von der Abzweigung an erfordert die Bergbesteigung etwa 40 Min. An der Weggabelung beginnt das Kernstück desberühmten und anspruchsvollen Heilbronner Weges *(S. 60)* Zum Steinschartenkopf muss man über eine eiserne Leiter steigen. Doch das Ergebnis – die immer neuen Bilder an der Felsecke, der Blick über die Gipfel – ist grandios. Auch viele Bergtouristen aus dem Flachland haben das Abenteuer bestanden. Beim »Heilbronner Törle« haben beleibte Zeitgenossen wenig Chance durchzukommen. Von der Socktalscharte führt ein Notabstieg zum *Waltenberger Haus.* Über die Bockkarscharte könnte man von dort wieder aufsteigen. Nach dem Schwarzmilzferner und unterhalb der Mädelegabel passiert man die Felsblöcke des Kratzers und steigt dann über das Westliche Mädelejoch zur Kemptner Hütte (1844 m) ab. Etwa 7 Std.

4. Tag: Über den Fürschießersattel kommen Sie zu Kreuzeck (2375 m), Rauheck (2394 m), Himmeleck (2007 m) und zum *Prinz-Luitpold-Haus* (1846 m). Etwa 7,5 Std. Bei zwei Übernachtungen Besteigung des Hochvogels (2593 m), zurück über Kreuzspitze (für Erfahrene). Bei Ausdehnung um zwei weitere Tage vom *Prinz-Luitpold-Haus* den Jubiläumsweg zur *Willersalpe* (1456 m), 7,5 Std., dort Übernachtung und über Bschießer und Iseler Abstieg nach Oberjoch, 5 Std. Andernfalls:

5. Tag: Vom Prinz-Luitpold-Haus geht es über das Laufbacher Eck (2179 m) zur Bergstation des Nebelhorns. Von dort 5 Std. Abstieg, Fahrt zum Gipfel (2224 m) oder Talfahrt nach Oberstdorf.

Auf dem Gipfel des Nebelhorns

Von beschaulich bis extrem

Auf der Erde, in der Luft und zu Wasser – dem Sportspaß sind im Allgäu kaum Grenzen gesetzt

Im Allgäu sind alle gängigen Sportarten wie Joggen, Radfahren, Tennis, Golf, Squash, Badminton, Minigolf, Inlineskaten, Reiten, Schwimmen, Segeln, Surfen, Ski- und Snowboardfahren, Schlittschuhlaufen, Winter- und Sommerrodeln möglich. Besonders ausgeprägt aber sind landschaftsspezifische Aktivitäten wie Wandern, Bergsteigen, Klettern, Kajakfahren, Rafting, Drachen- und Gleitschirmfliegen und natürlich so beschauliche Dinge wie Bootfahren mit Sonnenbad, Spaziergänge durch Bergblumenwiesen oder Fußbäder in Wildbächen. Wer sich etwas Ausgefallenes gönnen will, kann einen Rundflug buchen (Adressen in den Verkehrsämtern) oder an einer Ballonfahrt über den Gipfeln teilnehmen *(www.bavaria-ballon.de oder Ballonsport Martin in Kempten, Tel. 0831/134 53)*. Der besondere Kick und im doppelten Sinne neben der Spur: geführte Kameltouren im südlichen Allgäu *(Tourismusgemeinschaft Südliches Allgäu in Pfronten, Tel. 08363/92 89 90, www.suedliches-allgaeu.de)*

Insider Tipp

Mit sich und der Natur allein: Gleitschirmflieger am Tegelberg

ACTION

Indoorklettern (z. B. in Amtzell), Bungeejumping, Gleitschirmfliegen *(Gleitschirmschule Oase in Obermaiselstein, Tel. 08326/380 36, Tandemfliegen bei Robert Blum in Oberstdorf, Tel. 08322/81 39)* – Mutige auf der Suche nach dem Adrenalinstoß und leistungsorientierte Individualisten finden im Allgäu ihre Erfüllung. Die Bungeestation auf dem Anlaufturm der Heini-Klopfer-Schanze bei Oberstdorf garantiert mit einem 70-m-Sprung Nervenkitzel und Glücksgefühle pur. *Sprungzeiten von Mai bis Okt. an Wochenenden und Feiertagen 10–16 Uhr, im Winter Sondertermine. Information und Bungee-Geschenkgutscheine Tel. 08321/262 18*

Insider Tipp

BIKEN

Auf zwei Rädern kann man das Allgäu bestens erkunden, sei es mit Mountainbike, Trekking- oder auch mit Drei- oder Sechs-Gang-Rad. Mehrere Hundert km ausgeschilderte Radwege – von gemütlich bis extrem – führen durch das Voralpenland. Leihräder gibt es in allen

Sportlich die Landschaft genießen: radeln im Allgäu

größeren Ortschaften. Auf speziellen Radrouten, vor allem auf ausgedienten Bahntrassen, lässt es sich beschwingt fahren. Eine landschaftlich besonders reizvolle Tour stellt die 80 km lange »Dampflok-Runde« von Kaufbeuren bis zum Lech dar *(Streckeninformation Verkehrsverein Kaufbeuren, Tel. 08341/404 05, www.kaufbeuren.de/tourismus)*. Eine schöne, 32 km lange Radroute ist auch der Forggensee-Rundkurs von Füssen aus.

INLINESKATEN

Ideale Bedingungen finden Inlineskater innerhalb von Ortschaften und natürlich auf vielen Fahrradstrecken. Den einen oder anderen Hügel muss man allerdings in Kauf nehmen. Dafür gibt es Inlineschulen, in denen man Bremstechniken, Kurven fahren, Sicherheitstraining üben und auch Inlineskates ausleihen kann, zum Beispiel in Oberstdorf.

WANDERN

Wiesen, Weiden, viele freie, sonnige Flächen und natürlich die Berge bieten ein Paradies unendlicher Wander-, Bergsteiger- und Klettermöglichkeiten aller Schwierigkeitsgrade. Im südlichen Allgäu locken die nahen Ammergauer, Allgäuer oder Lechtaler Alpen mit Gipfelhöhen zwischen 800 und fast 3000 m. Wer nicht ganz trittsicher ist, seine Ausdauer noch nicht kennt oder Kinder dabei hat, nutze Berg- und Seilbahnen für die Auffahrt. Vorsicht: Der Abstieg kann anstrengender sein und länger dauern als gedacht. Nützliche Informationen geben neben Verkehrsämtern auch die Bergschulen *(z. B. Alpin- und Bergwanderschule Oberstdorf, Tel. 08322/953 22)*. Keinen Imageverlust bedeutet es, höhenverstellbare Teleskopstäbe zu benutzen. Die richtige Auswahl und Planung Ihrer Berg- oder Klettertour ist entscheidend für das Gelingen. Informieren Sie sich genau über Schwierigkeitsgrad, Gipfelhöhe und Gehzeit. Ein besonders schöner 9-Tage-Rundwanderweg führt durch weite Teile des Landkreises Oberallgäu, ist gut ausgeschildert und verbindet zahlreiche örtliche Wanderwege. *Organisierte Wanderungen über das Verkehrsamt Altusried, Tel. 08373/70 21*

WASSERSPORT

Wassersportler schaffen es in einem Urlaub kaum, alle guten Seen und Flussläufe auszutesten. An den mehr als 30 zugänglichen Allgäuer Natur-, Moor- und Baggerseen gibt es Gelegenheit, jeder gewünschten sportlichen Betätigung nachzugehen, sei es Baden, Bootfahren (keine Motorboote), Segeln, Wasserskifahren oder Windsurfen. Auch Schulen für Anfänger stehen vor allem an größeren Gewässern zur Verfügung. Dass auch Schwimmer auf ihre Kosten kommen, dafür sorgen rund 130 Freischwimmbäder (teilweise beheizt), etwa 45 Hallenbäder sowie ca. 20 Strandbäder an den Seen. Viele Gewässer mit dem Zusatz »Weiher« sind groß, trotz ihrer gelb-dunklen Moorseefarbe sauber, und das seidig-weiche Wasser ist angenehm zum Schwimmen.

WILDWASSERFAHREN

Kajak, Kanu- und Schlauchbootfahren (Rafting) kann man auf den wunderbar klaren Flüssen Iller, Weißach, Breitach, Lech und Bregenzer Ache praktizieren. So manchen lockt auch das reißende Abenteur Canyoning – in der weißen Gischt von Bergbächen jagen Sie über glatt geschliffenes Gestein. Genau wie beim Kajak- und Canadierfahren gehören dazu nicht nur Wagemut, sondern Sicherheitstraining, Strömungskunde und Grundtechniken. *Kurse (auch für Kinder) und Informationen gibt die Wildwasser-Schule Oberstdorf-Allgäu, Tel. 08322/982 62, Fax 982 63, www.hallo-urlaub.de/wildwasserschule*

WINTERSPORT

Im Oberallgäu überwiegen die Wintergäste. Skigebiete mit Aufstiegshilfen sind: Steibis/Hochgrat, Immenstadt, Gunzesrieder Tal, Grünten, Hörnergruppe, Balderschwang, Oberstdorf mit Nebelhorn, Fellhorn und Söllereck, Kleinwalsertal mit Kanzelwand und Walmendinger Horn, Bad Hindelang mit Imberger Horn, Oberjoch mit Iseler, Nesselwang mit Alpspitz, Pfronten mit Breitenberg, Schwangau mit Branderschrofen. Die neue Allgäu-Gletscher-Card berechtigt zum Preis von 368 Euro von Okt. bis Mai zur Nutzung von 30 Skigebieten im Allgäu, in Tirol und im Kleinwalsertal *(Informationen Tel. 0800/940 82 00, 8–22 Uhr)*. Auch im Westallgäu gibt es vor allem für Familien mit Kindern Abfahrtsmöglichkeiten mit Liftbetrieb, die sich für Anfänger und nach längerer Pistenabstinenz eignen, zum Beispiel Fluggen und Iberg bei Maierhöfen und Felderhalde bei Isny. Für Skilangläufer ist das gesamte Allgäu mit seinen kilometerlangen Loipen ein einziges Dorado. Rodeln (z.B. von der Nebelhorn-Mittelstation Seealpe), Eislauf und Curling (Leistungszentrum für Eiskunstlauf, Oberstdorf) und Eisstockschießen auf den Oberstdorfer Tennisplätzen machen das Angebot komplett.

Insider Tipp

Spaß und Spiel satt!

Ins Heu und durch wilde Schluchten – tolle Erlebnisse für die ganze Familie bei jedem Wetter

Das Allgäu ist wegen der Naturerlebnisse und guter Infrastruktur mit vielen Ferienwohnungen auf Bauernhöfen ein ausgesprochen familienfreundliches Reiseziel. Mit gezielten Ferienprogrammen wie »Allgäuer Sommer« in Isny oder »Familie & Kind« in Oberstdorf konkurrieren die Tourismusmanager der Städte und Gemeinden um die Gunst der Kids. Neben allgemeinen Freizeitangeboten wie baden an Seen und in Erlebnisbädern, Boot fahren, Burgen und Schlösser besichtigen, wandern, klettern und sommerrodeln sind auch Museen und Ausstellungen auf Kinderbesuch vorbereitet. Mit Legoland Deutschland hat 2002 in Günzburg eine für den ganzen süddeutschen Raum interessante Attraktion eröffnet.

WESTALLGÄU

Eistobel bei Grünenbach [118 A4]

★ In der Schlucht Eistobel bildet die Obere Argen mehrere Wasserfälle. Ein Spaziergang durch die eindrucksvolle, teils 50 m tiefe Schlucht bis zum Ausstieg oder zur Umkehr am Schüttentobel ist für Kinder ein so spannendes Naturschauspiel, dass sie gar nicht auf die Idee kommen, sich über die Streckenlänge Gedanken zu machen (hin und zurück ca. 6 km). Zahlreiche flache Staustellen des Baches laden ein zu waten und von Stein zu Stein zu hüpfen. Auf den Kiesbänken kann man auch picknicken (Müll wieder mitnehmen!). Dieses Naturschutzgebiet ist vor allem für Vor- und Grundschulkinder interessant, die tier- und pflanzenkundlich besonders neugierig sind, und eignet sich für Kinder besser als die großen Touristenattraktionen Breitach- oder Sterzachklamm, wo die Stege sehr schmal und Furcht einflößend sein können. Auch im Winter ist der Eistobel zugänglich und mit seinen Eisstalagmiten und -stalaktiten ausgesprochen reizvoll, allerdings ist der Abstieg für Kinder meist zu beschwerlich, weil die Treppenstufen im Schnee versinken und vereist sind. *Ganzjährig geöffnet, Zugang hinter Isny an der Argentalbrücke zwischen Maierhöfen und Grünenbach gegen ein paar Münzen Eintrittsgeld, das der*

Das Allgäu bietet Wandermöglichkeiten für Groß und Klein

Erhaltung und Sicherung der Wege dient, festes Schuhwerk mit Profilsohle mitnehmen

Greifvögel auf dem Pfänder [116 C6]
Auf dem Pfänder ist in einem Alpenwildpark die Tierwelt der Alpen auf einem kurzen Rundwanderweg mit Waldlehrpfad mit Steinböcken, Gämsen, Hirschen, Mufflons und anderen heimischen Wildtieren zu sehen. Bei der Flugschau kann man Adler, Falken und andere Greifvögel bestaunen. *Wildpark ganztags geöffnet, Greifvogelflugschau Mai–Sept. tgl. 11 und 14.30 Uhr, Information Pfänderbahn, Tel. 0043/5574/42 16 00*

Insider Tipp

Ravensburger Spieleland [116 A2]
In Meckenbeuren-Liebenau liegt das »größte Spielzimmer der Welt« für 2- bis 13-Jährige. Der erholsam gestaltete Erlebnispark erfüllt hohe Ansprüche an das Unterhaltungsbedürfnis der Kinder – und an den Wunsch vieler Eltern nach intelligenter Anregung für den Nachwuchs. Jedes Kind wird persönlich von Käpt'n Blaubär, Hein Blöd, Fix & Foxi oder Lupo begrüßt, kann auf Traktoren zwischen Hopfen und Sonnenblumen herumfahren, auf dem Wasser Abenteuerfahrten erleben, bei einer Feuerwehr-Wettfahrt eine Schule löschen oder im Zauberzelt eine Zirkusschau besuchen. *Ostern–Mitte Nov. tgl. 10–18 Uhr (außerhalb der Schulferien bis 17, ab Mitte Okt. bis 16 Uhr), Erwachsene 17 Euro, Kinder von 3 bis 14 Jahre 16 Euro, Ravensburger Spieleland AG, Liebenau, Am Hangenwald 1, Meckenbeuren, www.spieleland.com*

OBERALLGÄU

Insider Tipp

Allgäuer Bergbauernmuseum [118 C5]
Das neue, malerisch gelegene kleine Freilichtmuseum bei Immenstadt zeigt anschaulich das Alltagsleben in den Bergen. Besonders Familien werden Spaß an einem Bauernhof, einem Heustock und einem Kinderkino haben. Einkehrmöglichkeit in einem historischen Alpgebäude. *Diepolz, Mitte Juni bis Mitte Sept. tgl. 10–18, Mai–Mitte Juni und Mitte Sept.–Okt. Mi–Mo 10–18 Uhr, Nov.–April Sa und So 13–17 Uhr, 3 Euro*

Insider Tipp

Wanderung am Fellhorn [122 C5]
Abenteuergefühle kann man seinen Sprösslingen mit einer vermeintlich »großen« Wandertour à la Heidi und Peter in den Bergen verschaffen: Man fährt mit der Bergbahn aufs Fellhorn, läuft ein wenig auf dem Grat herum, fährt zur Mittelstation zurück und tritt den Abstieg zu Fuß an. Nach etwa einer Stunde gelangt man an das Naturfreunde-Kanzelwandhaus, wo man um 18 Uhr ein gutes warmes Abendessen bekommt und zünftig mit eigenem Schlafsack in Familienzimmern übernachten kann. Am nächsten Morgen steigt man in eineinhalb bis drei Stunden zur Talstation ab. *Naturfreunde-Ferienheim Kanzelwandhaus, Faistenoy 12, Oberstdorf, Tel. 08322/33 46, Fax 34 03, ganzjährig geöffnet, Übernachtung und Essen vorbestellen*

Modellbahn Miniland [118 B–C3]
In den größten Modellbahnlandschaften Deutschlands in Wengen ist auf 313 m^2 eine Fülle von Ideen im

Faszinierte Kinder beim Stadtfest von Marktoberdorf

Maßstab 1: 87 verwirklicht. *Tgl. 10–18 Uhr, Nov.–Weihnachten und 10. Jan.–Ostern nur Sa, So und feiertags, www.miniwelt-allgaeu.de, 5 Euro*

Fahrzeugmodelle Sonthofen **[123 D2]**
Über 8000 Modelle aus dem Verkehrswesen sind bei *mini-mobil* zu sehen *(Mi–Fr 15–18, Sa und So 10–12 und 14–18 Uhr, Oberstdorfer Str. 10, Tel. 08321/877 17, 4 Euro).* Die Modellbahnschau *Mo-Lok* zeigt Anlagen mit Großbahnen. *An der Ostrachbrücke Richtung Burgberg, So–Fr 10–18 Uhr, 4,50 Euro*

OSTALLGÄU

Puppentheater-Museum Kaufbeuren **[114 C5]**
Das wird auch die Eltern begeistern: Das Museum bietet einen fundierten Überblick über das Puppenspiel in der ganzen Welt *(Do–So 10–12 und Do–Sa 14.30–17 Uhr, Ludwigstr. 41a).* Der Puppenspielverein führt Märchen auf *(Wagenseilstr. 14a, Tel. 0841/143 29).*

Schwangauer Märchenstube **[121 D5]**
Wenn es gerade regnet, hilft Marie Luise Kaiser märchenhaft aus der Not. Die Märchenfee liest vor oder erzählt nachmittags zwei Stunden lang Märchen. *Ab 5 Jahre, Mi–Fr 15–17 Uhr, in den Sommerferien auch Sa und So, März und 15. Sept.–Nov. geschl., Deichelweg 1, Tel. 08362/94 07 71*

UNTERALLGÄU

Weiherausflug nach Buxheim **[112 B3]**
Im Unterallgäu dominieren Kultur- und Kurangebote für Erwachsene. Mit Kindern empfiehlt sich ein Ausflug zum Toben in den Waldweihern von Buxbach *(Bootsverleih bei Familie Seifert, Am Weiherhaus 11, Tel. 08331/725 22)* mit anschließender Einkehr im Weiherhaus *(Mo geschl., Tel. 721 23, €).*

Angesagt!

Was Sie wissen sollten über Trends, die Szene und Kuriositäten im Allgäu

Postkutschen

Zweispännig zu Hochzeitsglocken in die Kirche zu fahren gehört seit einiger Zeit wieder zu den romantischen Träumen junger Bräute nicht nur im Allgäu. Aber auch motormüde Urlauber können richtige Kutschreisen unternehmen. Informationen bei der *Kurverwaltung Isny, Tel. 07562/98 41 10*

www.kool.de

»Daheim sterben die Leut« heißt ein alter Allgäuer Kultkinofilm. Deshalb zieht es die motorisierte Jugend am Wochenende raus ins Ulmer Roxy, ins Centro, ins Mahatma oder nach Friedrichshafen in den Club Metro. Dort finden die angesagten Single- oder auch Parkdeckpartys statt. Wer wissen will, wo gerade was läuft, klickt den Trend-Onlinedienst *www.kool.de* an, wo nach jeder dieser Partys Dutzende von spaßigen Erinnerungsfotos eingespeist werden.

Die Nacht zum Tag machen

Youngsters und Grufties vertragen sich: Die Allgäuer jeden Alters sind ausgesprochen musisch veranlagt und feierfreudig bis zum Morgengrauen, was sich bei zahllosen Dorf- und Musikfesten zeigt, bei denen Blaskapellen, Orchester, Gesangsgruppen, Stubenmusik- und (Kult!) Irish-Folk-Gruppen auftreten.

Dorfwirtschaften

Gegen den Trend der Allerwelts-Pizza-Macs erweckt das Projekt Plenum neues Leben in alten Wirtschaften. Unter dem Motto »LandZunge« sollen jetzt gastronomische Betriebe in einen Führer aufgenommen werden, die originell, typisch und populär wirtschaften. Zu finden sind Informationen unter *www.proregio-oberschwaben.de.*

Wellnesswelle

Es gibt kaum eine Region Deutschlands, in der so viele Heilpraktiker, Naturheilkundler, Masseure, Physiotherapeuten, Gesundbeter (oh ja!) und sonstige Wellnessspezialisten ihre Dienste anbieten. Mittlerweile hat fast jedes Hotel seine eigenen Gesundheitsangebote. Tipp: Vor Ort Einheimische fragen – die wissen meist, wo es seriös und erschwinglich zugeht.

Von Anreise bis Wetter

Hier finden Sie kurz gefasst die wichtigsten Adressen und Informationen für Ihre Reise ins Allgäu

ANREISE

Auto

Hauptzubringer von Norden her ist die A7 Würzburg–Ulm–Kempten. Bei Memmingen kreuzt sie die A 96 München–Lindau. Wer aus Stuttgart kommt, fährt – sofern er ins westliche Allgäu will – von Ulm-West besser über die gut ausgebaute B30 und dann über die B465 ins Allgäu. Die A7 über Kempten endet nach der Abfahrt Nesselwang. Reisende aus der Schweiz ersparen sich rund 70 Straßenkilometer, wenn sie in Romanshorn die Bodensee-Autofähre nach Friedrichshafen nehmen *(41 Min. Überfahrt, meist stündl. 5.36 bis 20.36 Uhr, Tel. 07541/923 83 72)*.

Bahn und Bus

Alle Bahnhöfe des Allgäus sind im Stundenrhythmus in den »Allgäu-Schwaben-Takt« eingebunden. Von Dortmund aus fährt einmal täglich ein Intercity direkt nach Oberstdorf; von Hamburg, Berlin und Dresden aus gelangt man mit einer Umsteigestation in Ulm oder Augsburg ins Allgäu; von München aus fahren die Züge meist direkt, einmal täglich hält der Eurocity München–Zürich in Kempten. Von Berlin aus fährt samstags ein Reisebus über Leipzig und Hof nach Bad Wörishofen. Regionale Knotenpunkte sind Memmingen, Kempten und Buchloe. Wer Zeit und Muße hat, reist gut mit Bahnbussen weiter in abgelegene Ortschaften. Eine praktische Einrichtung sind die Sammeltaxen *(Telefonnummern örtlich erfragen)*, die außerhalb der Hauptverkehrszeiten auf den Buslinien fahren.

Flugzeug

Internationale Flughäfen befinden sich in München-Erding, Stuttgart-Echterdingen und Zürich. Der kleine Flughafen Friedrichshafen bedeutet für manche innerdeutsche Strecken (z. B. von Berlin kommend) eine echte, wenn auch meist etwas teurere Alternative.

AUSKUNFT

Alpine Beratungsstelle

Unter *Tel. 08322/70 02 00* erfahren Sie, wann touristische Einrichtungen wie Bergbahnen in Betrieb sind. Die Ansage der Wetterstation Oberstdorf mit Bergwetter sowie Wettervorhersage und -aussichten ist unter *Tel. 08322/12 21* abzurufen.

Zielgebietsagentur Allgäu und Oberschwaben

Kurverwaltung Bad Waldsee, Ravensburger Str. 1, Tel. 07524/90 53 50, Fax 90 53 44, www.bodensee-tourismus.de

Tourismusverband Allgäu/ Bayerisch-Schwaben e. V.

Fuggerstr. 9, 86150 Augsburg, Tel. 0821/450 40 10, Fax 45 04 01 20, www.allgaeu-bayerisch-schwabende

BAUERNHOF-URLAUB

Den Gesamtkatalog für die bayerische Seite des Allgäus gibt es beim *Landesverband Urlaub auf dem Bauernhof e. V., Kaiser-Ludwig-Platz 2, 80336 München, Tel. 089/ 53 43 12, Fax 543 86 19, www.bauernhof-urlaub.com.* Für Baden-Württemberg: *Urlaub auf dem Bauernhof in Baden-Württemberg e. V., Friedrichstr. 43, 79098 Freiburg, Tel. 0761/271 33 90, Fax 28 77 75, www.urlaub-bauernhof.de.*

HÜTTEN

Die Allgäuer Berghütten bieten Wanderern Einkehr und einfache Unterkunft (reservieren, Schlafsack erforderlich). Je nach Wetterlage werden die Hütten Ende Mai geöffnet und spätestens Anfang Okt. geschlossen. Neu ist eine *Hüttenhotline* für den Allgäuer Hauptkamm: Nach der Vorwahl *08322* für die Fiderepaßhütte *70 01 51,* die Mindelheimer Hütte *70 01 53,* die Rappenseehütte *70 01 55,* das Waltenberger-Haus *70 01 56,* die Kemptner Hütte *70 01 52,* das Edmund-Probst-Haus *47 95,* das Prinz-Luitpold-Haus *70 01 54,* die Enzianhütte *70 01 50.* Die Beschreibung von 39 Häusern finden Sie im »Allgäuer Hüttenführer«.

INTERNET

Das Allgäu ist im Internet vielseitig präsent. Sie finden dort sowohl das Stichwort »König Ludwig II.« als auch das Rezept für die Herstellung von Spätzle. Die allgemeine Adresse lautet: *www.allgaeu.de.* Die meisten Touristenorte haben zusätzlich eine Homepage eingerichtet, deren Name mit dem des Ortes übereinstimmt. Allgemeine Informationen finden sich auch auf den Webseiten der Tourismusverbände oder unter speziellen Adressen wie z. B. *www.oberallgaeu-ferien.de* oder *www.dein-allgaeu.de.*

JUGENDHERBERGEN

Jugendherbergen finden Sie in Füssen, Isny, Kempten, Lindau, Memmingen, Oberstdorf-Kornau und Ottobeuren. Jugendherbergen nehmen in Bayern nur junge Leute bis 26 Jahre sowie Gruppenbegleiter und Eltern mit wenigstens einem minderjährigen Kind auf. Informationen gibt es beim Landesverband in München, *Tel. 089/922 09 80.*

LITERATUR

Dass Ludwig Ganghofer ein Sohn Kaufbeurens war, wussten Sie vielleicht, aber was Heinz Rühmann mit dem Allgäu oder der berühmte Tierprofessor Grzimek mit Weitnau und General de Gaulle mit Immenstadt verbindet? Einen vergnüglichen und bildenden *KulTourführer* über Prominente im Allgäu schrieben Michael Molsner und Elke Wiartalla (Zebulon-Verlag).

Natur pur mit hoher botanischer und erdgeschichtlicher Fachkenntnis erschließt Dieter Buck seinen Lesern – vorzugsweise für Ausflügler, Berg- und Radwanderer – mit 40 Beschreibungen von Naturphänomenen mit dazu passenden Wandervorschlägen (Fundort Natur, Natursehenswürdigkeiten im Allgäu, ars vivendi Verlag).

Dem ländlich-traditionellen Leben, den alten Geschichten und ihren neuen Deutungen widmen sich zwei Autoren: Katharina Adler in ihrer wunderbaren *Lebenslandschaft Allgäu* und Hans-Peter Zwißler mit *Der Bröll. Die Allgäu-Sage* (beide edition Isele).

Was kostet wie viel?

Kaffee	**1,30–2 Euro** für eine Tasse Kaffee
Eis	**1–2 Euro** für zwei Kugeln Eis
Bier	**ca. 2 Euro** für den halben Liter
Wasser	**1–2 Euro** für ein Glas Mineralwasser
Benzin	**ca. 1,10 Euro** für einen Liter Super
Busfahrt	**1,50–2,30 Euro** für eine Busfahrkarte

NOTFALL

Für das gesamte Allgäu: *Alpiner Rettungsdienst, Leitstelle, Tel. 192 22 (ohne Vorwahl, in Öster-*

reich 144, mit Handy überall 112). In den Bergen verwendet man im Notfall akustische oder optische Zeichen: sechsmal in der Minute, danach eine Minute Pause und Wiederholung. Die Antwort: Zeichen dreimal in der Minute; es bedeutet »Verstanden« oder »Rettung unterwegs«. Notzeichen »SOS« in Steinen auslegen usw.

PREISE

Je bekannter der Ort, desto höher sind die Preise im Café oder in der Kneipe. Im touristischer geprägten Oberallgäu und in den reinen Fremdenverkehrszentren wie Ottobeuren oder Bad Wörishofen kostet alles etwas mehr als im ländlicheren Westallgäu. Andererseits belebt dort Konkurrenz das Geschäft: Es gibt mehr Pauschal- und Kombinationsangebote mit Freizeitaktivitäten, vor allem in der Nebensaison, und Preisvergleiche lohnen sich allemal.

REISEZEIT

Bei Wanderern sind das späte Frühjahr oder der Herbst mit beständigem Wetter und guter Fernsicht beliebt. Hochsaison für Sommertourismus sind Juli und August. Für Wintersport sind besonders die Monate Dezember bis April geeignet.

TELEFON & HANDY

Auch das Allgäu ist von den Telefongesellschaften erobert; an allen größeren Orten gibt es Mobilfunkläden mit Service und Prepaid-Karten. Der Empfang ist in manchen Tallagen schwach. In grenznahen Gebieten kann es sein, dass sich das fremde Netz einschaltet und das Telefonieren zum teuren Auslandsgespräch wird. Wählen Sie gegebenenfalls manuell Ihr heimisches Netz. Telefonzellen werden immer seltener; wenn Sie darauf angewiesen sind, sollten Sie Kleingeld *und* Telefonkarte parat halten.

Wetter in Oberstdorf

	Jan.	Feb.	März	April	Mai	Juni	Juli	Aug.	Sept.	Okt.	Nov.	Dez.
Tagestemperaturen in °C	2	4	8	12	17	20	21	21	18	13	7	3
Nachttemperaturen in °C	–8	–7	–4	1	4	8	10	10	7	2	–2	–6
Sonnenschein Std./Tag	3	3	4	5	5	6	7	6	6	5	3	2
Niederschlag Tage/Monat	13	13	12	13	15	17	17	16	13	12	11	12

Reiseatlas Allgäu

Die Seiteneinteilung für den Reiseatlas finden Sie auf dem hinteren Umschlag dieses Reiseführers

Kartenlegende Reiseatlas

Deutsch	Beispiel	English
Autobahn · Gebührenpflichtige Anschlussstelle · Gebührenstelle · Anschlussstelle mit Nummer · Rasthaus mit Übernachtung · Raststätte · Kleinraststätte · Tankstelle · Parkplatz mit und ohne WC	Trento, 11, P, P	Motorway · Toll junction · Toll station · Junction with number · Motel · Restaurant · Snackbar · Filling-station · Parking place with and without WC
Autobahn in Bau und geplant mit Datum der Verkehrsübergabe	Datum, Date	Motorway under construction and projected with completion date
Zweibahnige Straße (4-spurig)		Dual carriageway (4 lanes)
Fernverkehrsstraße · Straßennummern	14, E45	Trunk road · Road numbers
Wichtige Hauptstraße		Important main road
Hauptstraße · Tunnel · Brücke		Main road · Tunnel · Bridge
Nebenstraßen		Minor roads
Fahrweg · Fußweg		Track · Footpath
Wanderweg (Auswahl)		Tourist footpath (selection)
Eisenbahn mit Fernverkehr		Main line railway
Zahnradbahn, Standseilbahn		Rack-railway, funicular
Kabinenschwebebahn · Sessellift		Aerial cableway · Chair-lift
Autofähre		Car ferry
Personenfähre		Passenger ferry
Schifffahrtslinie		Shipping route
Naturschutzgebiet · Sperrgebiet		Nature reserve · Prohibited area
Nationalpark, Naturpark · Wald		National park, natural park · Forest
Straße für Kfz. gesperrt		Road closed to motor vehicles
Straße mit Gebühr		Toll road
Straße mit Wintersperre	XII-II	Road closed in winter
Straße für Wohnanhänger gesperrt bzw. nicht empfehlenswert		Road closed or not recommended for caravans
Touristenstraße · Pass	Weinstraße, 1510	Tourist route · Pass
Schöner Ausblick · Rundblick · Landschaftlich bes. schöne Strecke		Scenic view · Panoramic view · Route with beautiful scenery
Heilbad · Schwimmbad		Spa · Swimming pool
Jugendherberge · Campingplatz		Youth hostel · Camping site
Golfplatz · Sprungschanze		Golf-course · Ski jump
Kirche im Ort, freistehend · Kapelle		Church · Chapel
Kloster · Klosterruine		Monastery · Monastery ruin
Schloss, Burg · Schloss-, Burgruine		Palace, castle · Ruin
Turm · Funk-, Fernsehturm		Tower · Radio-, TV-tower
Leuchtturm · Kraftwerk		Lighthouse · Power station
Wasserfall · Schleuse		Waterfall · Lock
Bauwerk · Marktplatz, Areal		Important building · Market place, area
Ausgrabungs- u. Ruinenstätte · Bergwerk		Arch. excavation, ruins · Mine
Dolmen · Menhir · Nuraghen		Dolmen · Menhir · Nuraghe
Hünen-, Hügelgrab · Soldatenfriedhof		Cairn · Military cemetery
Hotel, Gasthaus, Berghütte · Höhle		Hotel, inn, refuge · Cave
Kultur		**Culture**
Malerisches Ortsbild · Ortshöhe	WIEN (171)	Picturesque town · Elevation
Eine Reise wert	★★ MILANO	Worth a journey
Lohnt einen Umweg	★ TEMPLIN	Worth a detour
Sehenswert	Andermatt	Worth seeing
Landschaft		**Landscape**
Eine Reise wert	★★ Las Cañadas	Worth a journey
Lohnt einen Umweg	★ Texel	Worth a detour
Sehenswert	Dikti	Worth seeing
Ausflüge & Touren		**Excursions & tours**

Bad Saulgau
Betzenweiler
Dürmentingen
Seekirch
Burren
Hochgericht
Mittelbiberach
Seelen-wald
Oberschwäbische Barockstraße
Alleshausen
Brackenhofen
Moosburg
Tiefenbach
Federsee
Streitberg
Stafflangen
Bahnstock
Oberdorf
Zweifelsberg
Schönenbuch
Kanzach
Seelenhof
Federsee Museum
Damenstiftskirche
Oggelshausen
Eichen
Dürnau
Bad Buchau
Eggelsbach
Reute
Kappel
Steinhauser Ried
Voggenreute
Krumbach
Figels
Henauhof
Schwäbische Bäderstraße
Allmannsweiler
Schienenhof
Grodt
Degernau
Unter-eggatsweiler
Ober-
Muttensweiler
Braunenweiler
Sattenbeuren
Aichbühl
Wallfahrtskirche Unserer Lieben Frau
Stein-hausen
Bondorf
Reichenbach
Kleinwinnaden
Ingoldingen
Linden
Schellenberg
Biberstetten
Roppertsweiler
Klosterkirche
Bad Schussenried
Olzreute
Winterstettenstadt
Steinbronnen
Amperts-weiler
Renhardsweiler
Hopferbach
Unter-essendorf
Rieden
Badhaus
Schwemme
Zeller Hof
Sennhof
Enzisweiler
Wattenweiler
Geiselmann
Hochberg
Boos
Oberatzenberg
Lufthütte
Kürnbach
Freilichtmuseum
Herveltsweiler
Winterstettendorf
Musbach
Winnenden
Fünfhäuser
Schwaigfurter Weiher
Hagnaufurt
Allgaierhof
Hinterweiler
Atzenberger Höhe
Menzenweiler
Otterswang
Glochen
Luditsweiler
Buch
Laimbach
Spiegler
Lippertsweiler
Haslach
Michelwinnaden
Irrenberg
Oberweiler
Atzenberg
Schussen
Baltshaus
Lichtenfeld
Ried
Ebisweiler
Michelberg
Englerts
Ebersbach-
Laubbronnen
Sankt Martin
Schwaben-Therme
Röhren
Eichbühl
Lenatweiler
Elchenreute
Mattenhaus
Dornahof
Wannenberg
Schwäbische Dichterstraße
Kohlhaus
Tannhausen
Aulendorf
Tann-wald
Schlupfen
Steinenberg
Geigelbach
Deutschordensschloss
Altshausen
Haslanden
Reichen
Herdtle
Rugetsweiler
Steinenbach
Missionshaus
Ringers
Blönried
Eisenfurt
Zollenreute
Tannweiler
Obermöllenbronn
Sankt Peter
Esbach
Multer
Hühler Ach
Mendelbeuren
Münchenreute
Lohren
Untermöllenbronn
Vogelplatz
Hueb
Bad Waldsee
Stuben
Schindelbach
Haller Segelbach
Heurenbach
Oberweiler
Ingenhart
Wolpertsheim
Ebenweiler
Hatzenturm
Reute
Schwäbische Dichterstraße
Bruggen
Malmishaus
Kümmerazhofen
Dellenhag
Gaisbeuren
Wolpertswende
Seeden
Vorsee
Grünlingen
Ankenreute
Volkertshaus
Niedersweiler
Möllenbronn
Enzisreute
Dinnenried
Oberurbach
Häcklerweiher
Mochenwangen
Einöde
Obersprengen
Unter-springen
Abetsweiler
Gwigg
Roßberg
Häge
Fronreute
Geratsreute
Meßhausen
Engenreute
Gießenweiler
Blitzenreute
Sulpach
Gambach
Stocken
Balenbach
Horb
Marsweiler
Bergatreute
Dietenhofen
Staig
Klosterkirche Sankt Joh.Bapt.
Kellenried
Baindt
Grünenberg
Bolanden
Witschwende
Wengen
Baien
Weiler
Schachen
Matzenhofen
Niederbiegen
Stöcklis
Wolfegger Ach
Kernen
Ettishofen
Kickach
Ramsee
Sonntagen
Deutsche Alleenstraße
Baienfurt
Automobilmuseum
Bauernhausmuseum Sankt Katharina
Großbaumgarten
Unterbelzenhofen
Köpfingen
Schmalegger Ach
Binningen
Briach
Berg
Fuchsenloch
Klosterkirche
Erbisreute
Weingarten
Großtobel
Hintermoos
Grund
Aulwangen
Kleintobel
Rößlerweiher
Unterankenreute
Trutzenweiler
Oberankenreute
Unterhalden
Ravensburg
Burach
Locher
Katzheim
Dietenbach
Wetzisreute
Hübscher
U.L.Frau
Blöden
Altdorfer Wald
116

D
E
F
BIBERACH an der Riß
OCHSENHAUSEN
BAD WURZACH
LEUTKIRCH im Allgäu
Kißlegg
Ummendorf
Eberhardzell
Bellamont
Steinhausen an der Rottum
Rot an der Rot
Ellwangen
Erlenmoos
Reinstetten
Ringschnait
Mittelbuch
Rottum
Oberschwäbische Barockstraße
Schwäbische Bäderstraße
Wurzacher Ried
Unterschwarzach
Dietmanns
Hauerz
Seibranz
Gospoldshofen
Arnach
Diepoldshofen
Reichenhofen
Eintürnen
Haidgau
Ziegelbach
Wolfegg
Aichstetten
Leutkirch-West
Leutkirch-Süd
Ellerazhofer Weiher
Metzisweiler Weiher
Obersee
Rohrsee
Klosterkirche
Schloß Sankt Verena
Kloster Marienau
Schloss Zeil
Schloss Horn
Sankt Gallus
312
465
18
22
16
2km
1
2
3
4
5
6
7

117

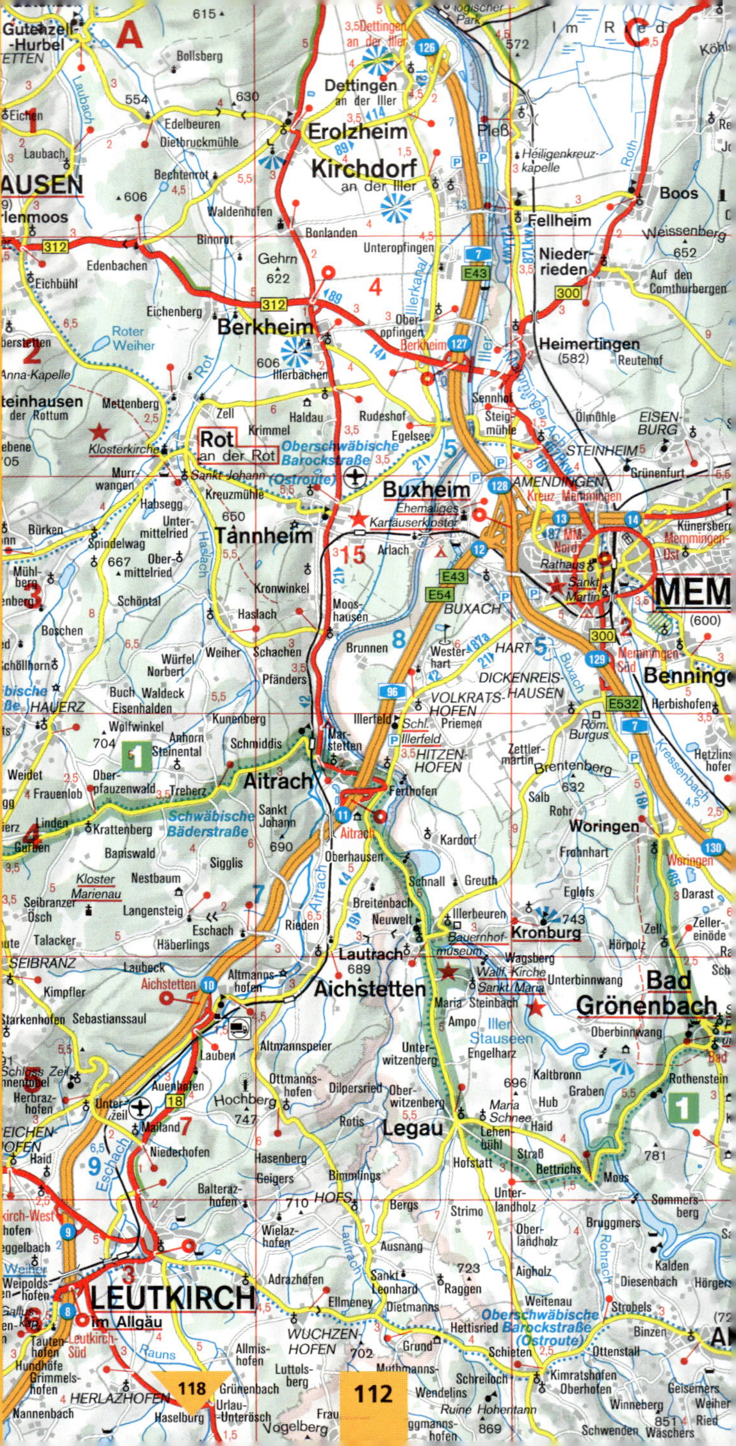
Gutenzell-Hurbel
Bollsberg
Dettingen an der Iller
Erolzheim
Kirchdorf an der Iller
Edelbeuren
Dietbruckmühle
Bechtenrot
Waldenhofen
Binnrot
Bonlanden
Unteropfingen
Pleß
Heiligenkreuz-kapelle
Fellheim
Boos
Weissenberg
Niederrieden
Auf den Comthurbergen
Laubach
Eichen
Edenbachen
Eichbühl
Gehrn
Eichenberg
Berkheim
Roter Weiher
Oberopfingen
Heimertingen
Reutehof
Illerbachen
Haldau
Rudeshof
Egelsee
Sennhof
Steigmühle
Ölmühle
Eisenburg
Steinheim
Grünenfurt
Mettenberg
Klosterkirche
Zell
Krimmel
Rot an der Rot
Oberschwäbische Barockstraße (Ostroute)
Murrwangen
Sankt Johann
Kreuzmühle
Buxheim
Ehemaliges Kartäuserkloster
Amendingen
Kreuz Memmingen
Habsegg
Untermittelried
Obermittelried
Tannheim
Arlach
Memmingen-Nord
Rathaus
Sankt Martin
MEM
Kronwinkel
Bürken
Spindelwag
Schöntal
Haslach
Mooshausen
Buxach
Boschen
Würfel
Weiher
Schachen
Brunnen
Westerhart
Hart
Memmingen-Süd
Benningen
Schöllhorn
Norbert
Pfänders
Dickenreishausen
Hauerz
Buch
Waldeck
Eisenhalden
Volkratshofen
Herbishofen
Kunenberg
Illerfeld
Schl. Illerfeld
Priemen
Röm. Burgus
Wolfwinkel
Anhorn
Schmiddis
Marstetten
Hitzenhofen
Zettlermartin
Brentenberg
Steinental
Weidet
Oberpfauzenwald
Treherz
Aitrach
Ferthofen
Salb
Rohr
Frauenlob
Schwäbische Bäderstraße
Sankt Johann
Linden
Krattenberg
Woringen
Kardorf
Gurben
Baniswald
Sigglis
Oberhausen
Frohnhart
Kloster Marienau
Nestbaum
Schnall
Greuth
Eglofs
Darast
Seibranzer Ösch
Langensteig
Breitenbach
Illerbeuren
Kronburg
Neuwelt
Zell
Zellereinöde
Talacker
Eschach
Häberlings
Rieden
Bauernhofmuseum
Hörpolz
Seibranz
Laubeck
Aichstetten
Altmannshofen
Lautrach
Wagsberg
Wallf.-Kirche Sankt Maria
Unterbinnwang
Bad Grönenbach
Kimpfler
Maria Steinbach
Oberbinnwang
Starkenhofen
Sebastianssaul
Ampo
Iller Stausee
Altmannspeier
Unterwitzenberg
Engelharz
Lauben
Kaltbronn
Rothenstein
Herbrazhofen
Ottmannshofen
Dilpersried
Oberwitzenberg
Graben
Unterzeil
Hochberg
Maria Schnee
Hub
Mailand
Rotis
Legau
Lehenbühl
Haid
Niederhofen
Hasenberg
Geigers
Hofstatt
Straß
Bettrichs
Moos
Bimmlings
Balterazhofen
Hofs
Bergs
Unterlandholz
Sommersberg
Wielazhofen
Strimo
Oberlandholz
Bruggmers
Ausnang
Aigholz
Kalden
Adrazhofen
Sankt Leonhard
Raggen
Diesenbach
Hörgers
LEUTKIRCH im Allgäu
Ellmeney
Dietmanns
Weitenau
Strobels
Hettisried
Binzen
Leutkirch-Süd
Wuchzenhofen
Grund
Schleiten
Ottenstall
Tautenhofen
Allmishofen
Rauns
Muthmanns
Hundhöfe
Grimmelshofen
Luttolsberg
Schreiloch
Kimratshofen
Oberhofen
Geisemers
Herlazhofen
Grünenbach
Wendelins
Ruine Hohentann
Winneberg
Weiher
Nannenbach
Haselburg
Urlau-Unterösch
Vogelberg
Schwenden
Wäschers
Ried
118

D
E
F
Klosterbeuren
Oberschönegg
Beblinstetten
Märxle
Bedernau
Pfaffenhausen
Hausen
Engishausen
Dietershofen
Unterrieden
Heinzenhof
Blatte
Kunzach
Egelhofen
Wesbach
Inneberg
Dürrenberg
Brandstetten
Mittelrieden
Mindelberg
Egg
an der Günz
Baumgärtle
Hohenschlau
Ober-rieden
Lohhof
Hohenreuten
Spitzisbui
Ohnsang
Doldenhausen
Arlesried
Frickenhausen
WESTERNACH
Bergerhausen
Mindel
Guggenberg
Reitelsberg
Sankt Johann
Erlenberg
Kammlach
Unterkammlach
Lauben
Daxberg
UNTER-AUERBACH
Oberkammlach
Rechberg
Sankt Stephan
Ziegelstadel
Dankelsried
Lerchenberg
OBER-AUERBACH
Schloss Mindelburg
Rummeltshausen
Günz
Erkheim
Stetten
Unggenried
Allewindschneider
E54
Knaus
Haugenhof
Höllberg
Kirchstetten
Krebsbach
Schlegelsberg
Rufen
Bergbauer
Wideregg
Unterwesterheim
Westerheim
Grabus
Stetten
Apfeltrach
Laubers
Walchs
Oberwesterheim
Sontheim
Dirlewang
Erisried
Wipfel
Ziegler
Gronau
Säulengrain
Attenhausen
Westliche Günz
Östliche Günz
Hochstetten
Mussenhausen
Lichtenau
Alesrain
Stephansried
Hammerschmied
Grünegg
Köngetried
Eberscholl
Gumpratsried
Frechenrieden
Erlis
Eutenhausen
Kloster Wald
Eggisried
Dennenberg
Gottenau
Eßmühle
Hawangen
Arlisberg
Katzbrui
Katzbruimühle
Altisried
Markt Rettenbach
Lannenberg
Bittenau
Unteregg
Fröhlins
Krautenberg
Langenberg
Windenberg
Hochholz
Ottobeuren
Betzisried
Brüchlins
Halbersberg
Vorderbuchenbrunn
Oberegg
Benkhofen
Basilika
Hl. Alex. u. Theodor
Schwelk
Eheim
Niebers
Guggenberg
Hofs
Wineden
Haitzen
Oberschwäbische Barockstraße (Ostroute)
Engetried
Rappen
Bayersried
Schwäbische Bäderstraße
Eldern
Rempolz
Linden
Grub
Dietratried
Unterhaslach
Rohrhof
Reichartsried
Boschach
Oberhaslach
Buchstock
Eggenthal
Dingisweiler
Griesthal
Neuenried
Blumenried
Leupolz
Reuthen
Stehlings
Niederdorf
Karlins
Bibelsberg
Ollarzried
Bihls
Webams
Hüners
Zadels
Unterweiler
Völken
Beschaunen
Wolfertschwenden
Daßberg
Ronsberg
Röhrwanger Mühlbach
Oberweiler
Mindelberg
Vogelsang
Eglofs
Blöcktach
Theilen
Meuren
Heißen
Berghof
Böhen
Bremberg
Thal
Willofs
Gfäll
Fries
Günzegg
Wolfartsberg
Ittelsburg
Schmalholz
Algers
Freien
Ehwiesmühle
Unterwarlins
Oberwarlins
Berg
Burg
Hauprechts
Schwenden
Allgäuer Tor
Langenthal
Hopferbach
Hörensberg
Hartmannsberg
Obergünzburg
Naiers
Ebersbach
Wolfholz
Grasgrub
Schrattenbach
Simmerberg
Eschers
Eggenbühl
Neuenried
Maneberg
Remmelsberg
Käsers
Ussenried
Wirthshalde
Upratsberg
Untrasried
Rohr
Gschlavers
Immenthal
Rudwarz
Binnings
Gemeinderied
Wohlmuths
Mittelberg
Sankt Alban
Vockenthal
Probstried
Pfaffenhofen
Waizenried
Günzach
Rauhmühle
Reicholzried
Dietmannsried
Seebach
Sonderried
Albrechts
Koneberg
2km
Überbach
Kronholz
Haldenwang
Sellthüren
Lippenhalde
Atzenberg
Schnaitweg
Hinwang
Illerparadies
Steig
Eufnach
Kinberg
Büchel
Krugzell
Ottisried
Vocken
Hinterberg
Ellenberg
Haarberg
Reinhardsried
Lauben

119

Birkenberg
642
Tussen-
hausen
Ettringen
Ost-
ettringen
Heinzenhof
Egelhofen
Mindelberg
Lohhof
Hausen
Hierenberg
626
Maria
Schnee
Mattsies
(586)
Schloss
Mattsies
Neubichel
620
Schönbrunn
Ludwigsberg
Berg
Wertach
Dolden-
hausen
NASSEN-
BEUREN
Unter-
rammingen
Rammingen
Türk-
heim
Mindel
Reitelsberg
MINDELHEIM
(600)
Sankt Anna
Ober-
rammingen
(599)
Bad Wörishofen
Unter-
irsingen
Wieder-
geltingen
(627)
Rechberg
658
Sankt
Stephan
Schloss
Mindelburg
HEIMENEGG
KIRCHDORF
Eich-
kapelle
GERN-
STALL
Unggenried
Katzenhirn
Mindelheim
Irsingen
Stetten
Apfeltrach
MINDELAU
DORSCH-
HAUSEN
Wörthbach
LINDEN
Walchs
Dirlewang
Altensteig
678
GARTEN-
STADT
Fürpoint
Moos
663
Hungerbach
Wipfel
Sanatorium
Kloster-
kirche
BAD
WÖRISHOFEN
(631)
STOCKHEIM
Weicht
Saulengrain
Helchen-
ried
Schöneschach
Osterlauch-
dorf
Lichtenau
Alesrain
Hartenthal
Unter-
gammenried
Sankt Rasso
FRANKEN-
HOFEN
Beckstetten
Grünegg
Eberscholl
Schwäbische
Bäderstraße
Obergammenried
Beck-
stettner
Moos
Eßmühle
Lauchdorf
SCHLINGEN
Unteregg
Warmisried
Großried
Irpisdorf
Rieden
Hochholz
Baisweil
Ingenried
Zellerberg
Unter-
germaring
720
Oberegg
Benkhofen
738
Römerhügel
694
Germaringen
Obergermaringen
Josefs-
kapelle
Hammerschmiede
(656)
Pforzen
Bayersried
Grub
Eiberg
Reichartsried
Eggenthal
(713)
Haslach
Oggenried
Leinau
Klosterkirche
Mariae Himmelfahrt
KAUFBEUREN-
NEUGABLONZ
Neuenried
Blumenried
Irsee
Stehlings
Wielen
Steinholz
Thalhof
Völken
Webams
Beschaunen
Schleifmühle
Bickenried
Mauer-
stetten
Röhrwanger Mühlbach
Röhrwang
Romatsried
KLEINKEMNAT
(679)
Großkemnat
Blöcktach
Weißen
Sankt
Blasiuskirche
715
Heißen
Berghof
KAUFBEUREN
Hausen
Gfäll
Friesenried
Frankenried
Brandeln
OBER-
BEUREN
Sankt
Cosmas
Algers
HIRSCHZELL
Weite
Aschthal
Hauprechts
Märzisried
Gennach
Bärensee
Salenwang
Ebersbach
Wolfholz
Huttenwang
778
Eggenbühl
Neuenried
Wenglingen
Apfeltrang
756
Upratsberg
Umwangs
Münzenried
Leichertshofen
Rudwarz
Binnings
Hiemen-
hofen
Biessenhofen
Mittelberg
Görwangs
Sankt Alban
Bernbach
Ettenberg
789
Eben-
hofen
Hörmans-
hofen
Albrechts
Aitrang
Ruderats-
hofen
Altdorf
Immenhofen
Kirnach
Kreen
Lippenhalde
822
Elbsee
789
Kipfenberg
Geisen-
hofen
766
Hausen
Büchel
Heuwang
BERTOLDSHOF
Westerried
Reinhardsried
809
Weiblets-
hofen
Heilig Kreuz
und Sankt Martin
Sankt Michael
Selbensber
911
MARKT
120

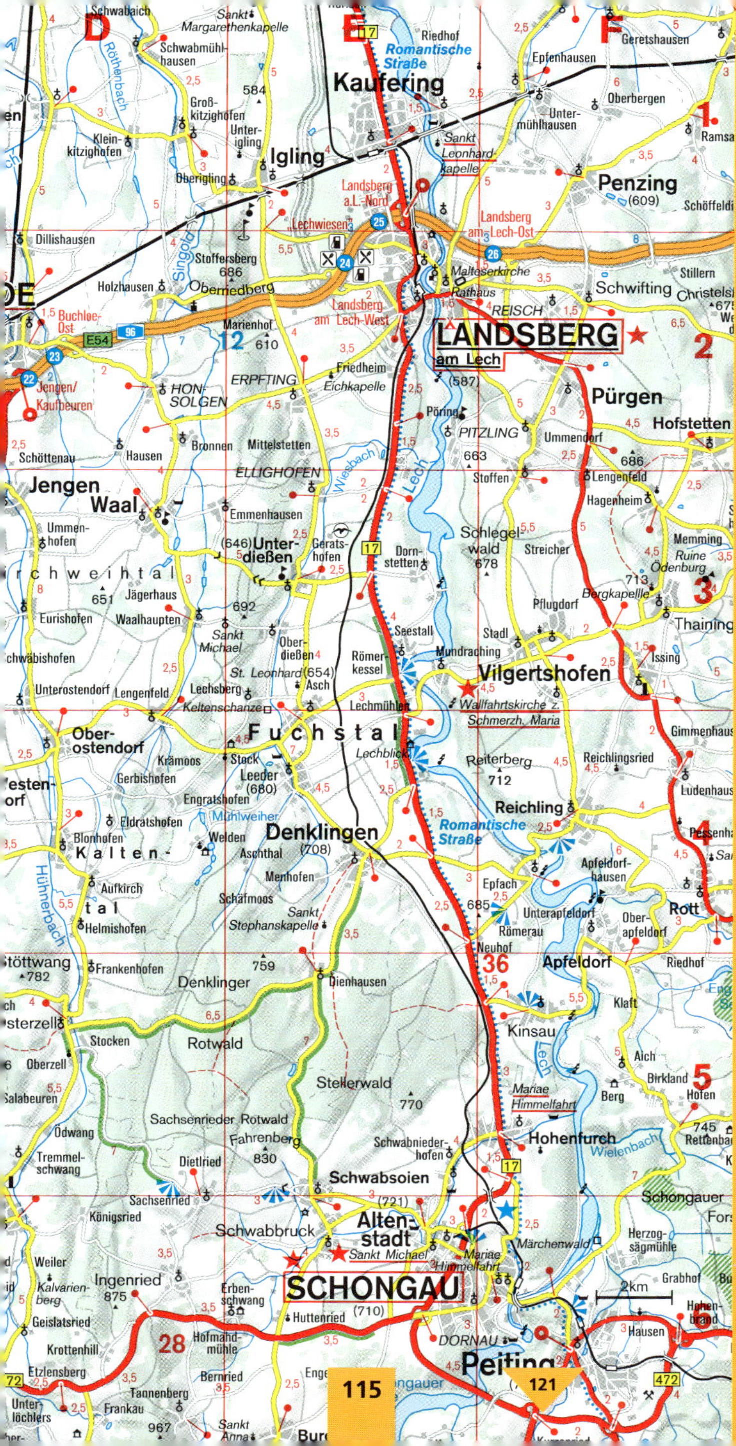
D
E
F
1
2
3
4
5
6
Schwabaich
Sankt Margarethenkapelle
Schwabmühlhausen
Röthenbach
Riedhof
Romantische Straße
Kaufering
Epfenhausen
Geretshausen
Oberbergen
Unter-mühlhausen
Ramsa
Groß-kitzighofen
Unter-igling
Klein-kitzighofen
Igling
Oberigling
Sankt Leonhard-kapelle
Landsberg a.L.-Nord
Penzing
(609)
Schöffeldi
Landsberg am-Lech-Ost
Lechwiesen
Dillishausen
Singold
Stoffersberg
686
Holzhausen
Oberriedberg
Malteserkirche
Rathaus
Stillern
Schwifting
Christelsr
REISCH
Buchloe-Ost
E54
Marienhof
610
Landsberg am Lech-West
LANDSBERG
am Lech
(587)
Jengen/ Kaufbeuren
HON-SOLGEN
ERPFTING
Friedheim
Eichkapelle
Pürgen
Hofstetten
Pöring
PITZLING
Ummendorf
686
Schöttenau
Hausen
Bronnen
Mittelstetten
663
Jengen
Waal
ELLIGHOFEN
Wiesbach
Lech
Stoffen
Lengenfeld
Hagenheim
Emmenhausen
Ummen-hofen
(646)
Unter-dießen
Gerats-hofen
Schlegel-wald
678
Streicher
Dorn-stetten
Memming
Ruine Ödenburg
713
Bergkapelle
Kirchweihtal
651
Jägerhaus
692
Pflugdorf
Thaining
Eurishofen
Waalhaupten
Sankt Michael
Ober-dießen
Seestall
Stadl
Issing
Schwäbishofen
Römer-kessel
Mundraching
Vilgertshofen
St. Leonhard
(654)
Asch
Unterostendorf
Lengenfeld
Lechsberg
Keltenschanze
Lechmühlen
Wallfahrtskirche z. Schmerzh. Maria
Gimmenhaus
Ober-ostendorf
Fuchstal
Lechblick
Reiterberg
712
Reichlingsried
Krämoos
Stock
Leeder
(680)
Gerbishofen
Ludenhaus
Engratshofen
Mühlweiher
Reichling
Eldratshofen
Blonhofen
Welden
Denklingen
(708)
Romantische Straße
Pessenha
Kaltental
Aschthal
Apfeldorf-hausen
Aufkirch
Menhofen
Epfach
Rott
Schäfmoos
685
Unterapfeldorf
Ober-apfeldorf
Helmishofen
Sankt Stephanskapelle
Römerau
Hühnerbach
Neuhof
36
Apfeldorf
Riedhof
Stöttwang
782
Frankenhofen
759
Denklinger
Dienhausen
Klaft
Stocken
Rotwald
Kinsau
Oberzell
Aich
Stellerwald
Birkland
Salabeuren
770
Mariae Himmelfahrt
Berg
Hofen
Sachsenrieder Rotwald
Ödwang
Fahrenberg
745
Rettenbach
Schwabnieder-hofen
Hohenfurch
Wielenbach
Tremmel-schwang
Dietlried
830
17
Schwabsoien
Sachsenried
Schongauer
(721)
Königsried
Alten-stadt
Schwabbruck
Märchenwald
Herzog-sägmühle
Sankt Michael
Mariae Himmelfahrt
Weiler
Kalvarien-berg
Ingenried
875
Erben-schwang
SCHONGAU
(710)
Grabhof
2km
Hohen-brand
Geislatsried
Huttenried
Hausen
Krottenhill
28
Hofmahd-mühle
DORNAU
Peiting
Etzlensberg
Bernried
472
Tannenberg
Unter-löchlers
Frankau
967
Sankt Anna
121

110

WEINGARTEN
RAVENSBURG
Schlier
Waldburg
Schloss Waldburg
Vogt
Grünkraut
Bodnegg
Amtzell
Meckenbeuren
TETTNANG
Neukirch
Achberg
Kressbronn am Bodensee
Wasserburg (Bodensee)
Nonnenhorn
Bodolz
Weißensberg
Sigmarszell
LINDAU Bodensee
Bad Schachen
Sankt Stephan
Hörbranz
Lochau
BREGENZ
(396)
Bodensee
Hard
Lauterach
Kennelbach
Rheinspitz
Altenrhein
Regionalflughafen Sankt Gallen (Altenrhein)
SCHWEIZ
Rheineck
Gaißau
Fußach
Oberschwäbische Barockstraße
Ravensburger Spieleland
Argenhardterkopf
Hochwacht
Argental
LANGNAU
Degersee
Schleinsee
Argenhorn
Neues Schloss
Ruine Ebersberg
Schloss Achberg
Neuravensburg
Rohrspitz
Seebühne
Pfänder
Speichen-Wiesen
Unterdorf
Buchen
Weißenau
Sankt Peter und Paul
Obermeckenbeuren
Hinterhof
Oberzell
Albersfeld
Obereschach
Liebenau
Siggenweiler
Biggenmoos
Dietmannsweiler
Wildpoltsweiler
Oberlangensee
Tunau
Gohren
Gattnau
Hattnau
Hege
Bettnau
Schönau
Hoyren
Reutin
Aeschach
Schachen
Allwind
Enzisweiler
Rieden
Vorkloster
Martinsturm
Gebhardsberg
E54
E43
32
30
31
467
96
18
190
202

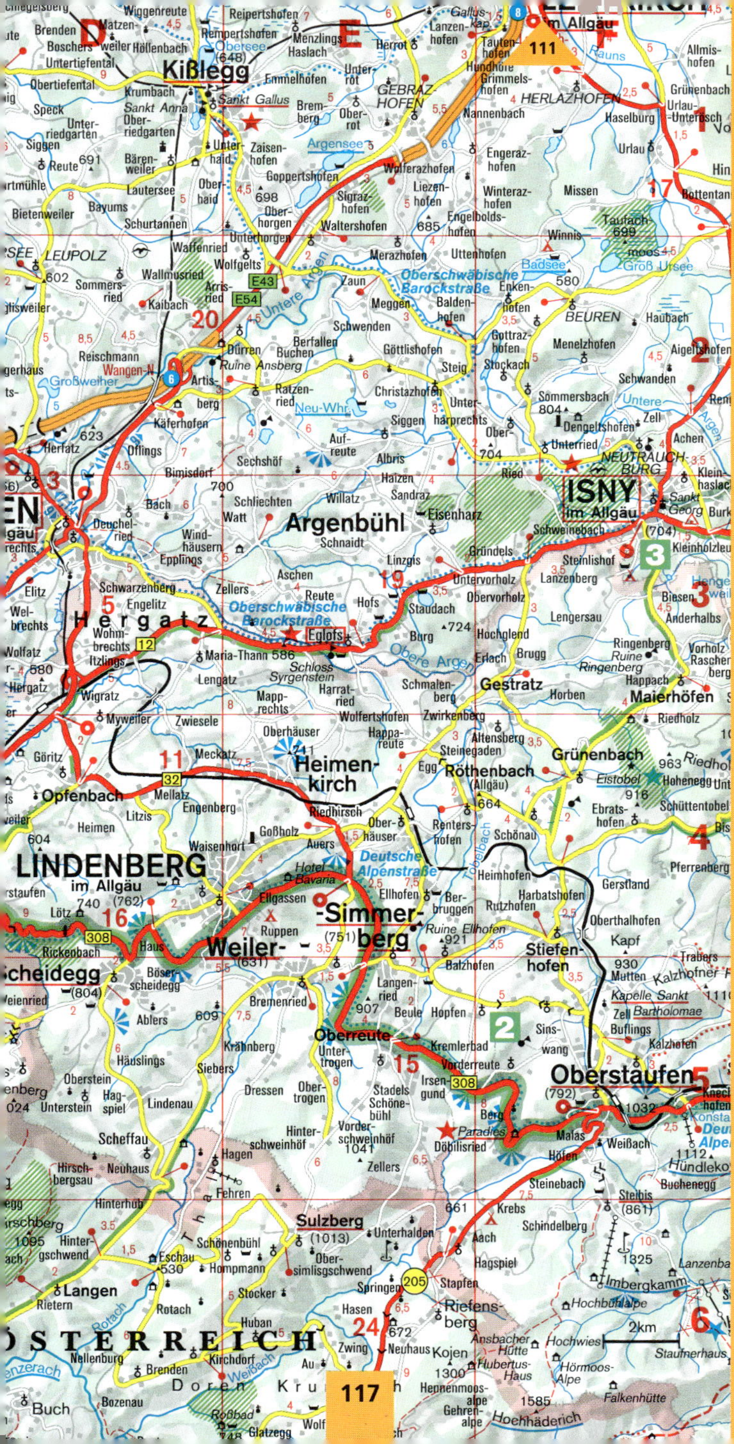

111
Kißlegg
Sankt Gallus
Obersee
Emmelhofen
Menzlings
Haslach
Gebrazhofen
Argensee
Herlazhofen
Leupolz
Wangen-N
Großweiher
Argenbühl
Isny im Allgäu
Neutrauchburg
Beuren
Oberschwäbische Barockstraße
Hergatz
Eglofs
Gestratz
Maierhöfen
Grünenbach
Heimenkirch
Röthenbach (Allgäu)
Opfenbach
Lindenberg im Allgäu
Deutsche Alpenstraße
Simmerberg
Weiler-
Scheidegg
Oberreute
Stiefenhofen
Oberstaufen
Sulzberg
Langen
Riefensberg
Steibis
Imbergkamm
Hochbühlalpe
Hochwies
Österreich
Doren
Krumbach
2km
117

112

im Allgäu
Leutkirch-Süd
WUCHZENHOFEN
Hettisried
Oberschwäbische Barockstraße (Ostroute)
Binzen
Allmishofen
Luttolsberg
Muthmannshofen
Schieten
Ottenstall
Tautenhofen
Hundhöfe
Grimmelshofen
HERLAZHOFEN
Grünenbach
Urlau-Unterösch
Schreiloch
Wendelins
Kimratshofen
Oberhofen
Geisemers
Nannenbach
Haselburg
Frauenzell
Ruine Hohentann
Winneberg
Vogelberg
Maggmannshofen
Schwenden
Wäschers
Engerazhofen
Urlau
Vorderbrennberg
Reinthal
Hinznang
Rungatshofen
Hinterbrennberg
Schmidberg
Buchen
Winterazhofen
Missen
Bottentann
Isgazhofen
Walzlings
Millers
Walkenberg
Tautach
FRIESENHOFEN
Winterstetten
Bachtels
Bailers
Winnis
Emerlanden
Walkenberg
Uttenhofen
Großholzer See
Schwarzachen
Strohmayers
Badsee
Rimpach
Schmidsfelden
Unterkürnach
Westenried
Oberschwäbische Barockstraße
Enkenhofen
Kürnach
Schmidsreute
Wiggensbach
BEUREN
Haubach
Ellmeney
Ulmerthal
Blockwiesen
Oberkürnach
Guttrazhofen
Menelzhofen
Aigeltshofen
Sankt Remigius
Rauhen
Stockach
ROHRDORF
Schwedenschanze
Kreuzthal
Schwanden
Sommersbach
Rengers
Eisenbach
Wegscheidel
Dengeltshofen
Zell
Adelegg
Unterried
Achen
Ratzenhofen
Eschachried
NEUTRAUCHBURG
Eschachthal
Eschach
Ried
Kleinhaslach
Rotenbach
Wehrlang
Nibel
ISNY im Allgäu
Dürrenbach
Schwarzer Grat
Sankt Georg
Burkwang
Eschacher Weiher
Schweinebach
Hohenkapf
Schwarzerd
Wenger Eggalm
Gründels
Kleinholzleute
GROSSHOLZLEUTE
Überruh
Steinlishof
Untervorholz
Lanzenberg
Bolsternang
Rechtis
Obervorholz
Hengelesweiher
Biesen
Nellenbruck
Wengener Argen
Wengen
Lengersau
Anderhalbs
Argen
Weilerle
Hochgland
Ringenberg
Vorholz
Hofen
Kleinweiler
Ruine Alttrauchburg
Hellengerst
Erlach
Brugg
Ruine Ringenberg
Raschenberg
Büchlenberg
Freizeitpark Allgäu
Engelwarz
Gestratz
Horben
Happach
Sonneneck
Leutfritz
Maierhöfen
Stockach
Engelhirsch
Ettensberg
Riedholz
Seltmanns
Eisenbolz
Altensberg
Grünenbach
Riedholzer Kugel
Weitnau
Moos
Gerholz
Stoffelberg
Röthenbach (Allgäu)
Eistobel
Hohenegg
Unterried
Sibratshofen
Waltrams
Mährisch
Freundpolz
Rieggis
Ebratshofen
Schüttentobel
DIEPOLZ
Schönau
Bischlecht
Wilhams
Hauchenberg
Bergbauernmuseum
Gopprechts
Freibrechts
Reute
Heimhofen
Aigis
Berg
Börlas
Gerstland
Pferrenberg
Knottenried
Harbatshofen
Rutzhofen
Missen
AKAMS
Oberthalhofen
Geratsried
Luitharz
Ellhofen
Kapf
Wiederhofen
Stiefenhofen
Trabers
Jugetach
Stixnerbach
Mutten
Kalzhofner Höhe
Pfarr-Alpe
ZAUMBERG
Kapelle Sankt Bartholomae
Thaler Höhe
Trieblings
Zell
Salmaser Höhe
Alpsee
BÜHL
HUB
Sinswang
Buflings
Wiedemannsdorf
Ratholz
Gschwend
Rothenfels
Kalzhofen
IMMENSTADT im Allgäu
Oberstaufen
Salmas
Knechtenhofen
Konstanzer
Osterdorf
Immenstädter Horn
Paradies
Konstanzer Ach
Thalkirchdorf
Leutenschwandalpe
Malas
Deutsche Alpenstraße
Weißach
Kemptner Naturfreundehaus
Alpe Reute
Höfen
Hündlekopf
Kemptener Skihütte
Unterklammalpe
Himmeleck
Mittelbergalpe
Mittagberg
Steinebach
Buchenegg
Almagmach
Steibis
Krebs
Denneberg
Untere Eckalpe
Gundalpe
Schindelberg
Gunzesried
Aach
Weißach
SONTHOFEN
Hagspiel
Lanzenbach
Stuiben
Imbergkamm
Simatsgundalpe
Buralpkopf
Gunzesrieder Säge
Allgäuer Berghof
Hochbuhlalpe
Hochgrat
Rindalphorn
Ansbacher Hütte
Hochwies
Hubertus-Haus
Hörmoos-Alpe
Staufnerhaus
Aualpe
Aubach
Ofterschwang
Scheidewangalpe
Hirschgundalpe
Sigiswanger Horn
Kahlrückenalpe
Hochhäderich
Siplingerkopf
Höllritzeralpe
Rangiswanger Horn

122

113

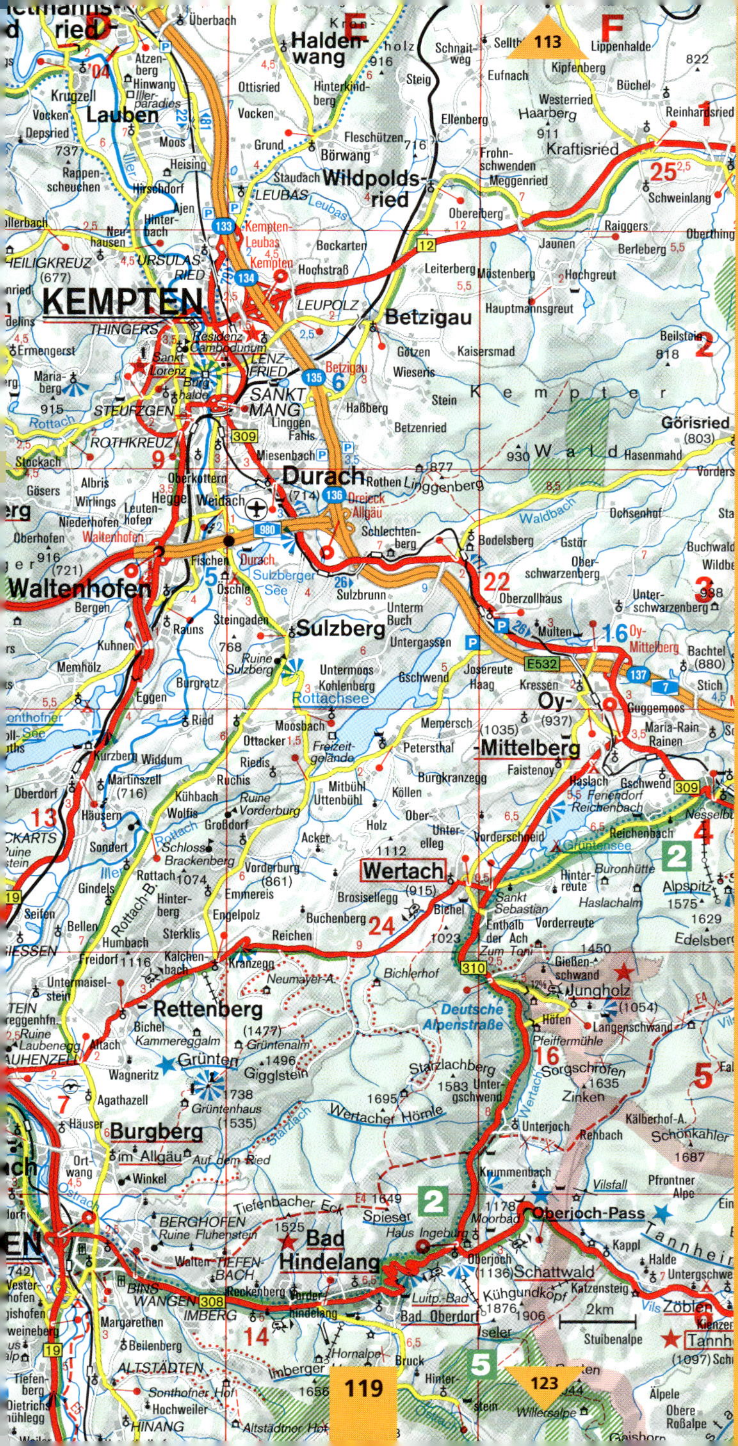
Kempten
Lauben
Haldenwang
Wildpoldsried
Kraftisried
Betzigau
Durach
Waltenhofen
Sulzberg
Rottachsee
Oy-Mittelberg
Kempter Wald
Wertach
Grüntensee
Jungholz
Rettenberg
Grünten
Burgberg im Allgäu
Bad Hindelang
Oberjoch-Pass
Schattwald
Zöblen
Tannheimer
Deutsche Alpenstraße
Wertacher Hörnle
Sonthofner See
Niedersonthofner See
Bad Oberdorf
Hindelang
Vorderhindelang
Iseler
Imberger Horn
Altstädten
Hinang
Kühgundkopf
Unterjoch
Sorgschrofen
Schönkahler
Pfrontner Alpe
Vilsfall
Krummenbach
Spieser
Tiefenbacher Eck
Ruine Fluhenstein
Berghofen
Binswangen
Imberg
Reckenberg
Margarethen
Beilenberg
Sonthofner Hof
Hochweiler
Ostrach
Iller
Rottach
Leubas
Waldbach
Wertach
Starzlach
Vils
Kalchenbach
Kranzegg
Neumayer-A.
Bichlerhof
Bichel
Altach
Wagneritz
Agathazell
Häuser
Ortwang
Winkel
Auf dem Ried
Grüntenhaus
Gigglstein
Grüntenalm
Kammereggalm
Untermaiselstein
Freidorf
Humbach
Sterklis
Bellen
Seiten
Gindels
Sondert
Häusern
Martinszell
Oberdorf
Kurzberg
Widdum
Kühbach
Wolfis
Großdorf
Schloss Brackenberg
Ruine Vorderburg
Vorderburg
Emmereis
Engelpolz
Reichen
Buchenberg
Brosisellegg
Sankt Sebastian
Enthalb der Ach
Zum Toni
Vorderreute
Hinterreute
Haslachalm
Alpspitz
Edelsberg
Gießenschwand
Langenschwand
Höfen
Pfeiffermühle
Starzlachberg
Untergschwend
Zinken
Rehbach
Kälberhof-A.
Moorbad
Haus Ingeburg
Kappl
Halde
Untergschwend
Katzensteig
Stuibenalpe
Kienzen
Älpele
Obere Roßalpe
Gaishorn
Willersalpe
Hinterstein
Bruck
Luitp.-Bad
Ober-Unterelleg
Vorderschneid
Reichenbach
Feriendorf Reichenbach
Buronhütte
Haslach
Gschwend
Faistenoy
Maria-Rain
Rainen
Guggemoos
Kressen
Haag
Josereute
Gschwend
Memersch
Petersthal
Burgkranzegg
Köllen
Holz
Mitbühl
Uttenbühl
Acker
Riedis
Ruchis
Moosbach
Ottacker
Freizeitgelände
Untermoos
Kohlenberg
Ruine Sulzberg
Burgratz
Eggen
Ried
Memhölz
Kuhnen
Rauns
Steingaden
Öschle
Sulzberger See
Fischen
Sulzbrunn
Unterm Buch
Untergassen
Multen
Bachtel
Stich
Oy-Mittelberg
Oberzollhaus
Unterschwarzenberg
Oberschwarzenberg
Gstör
Bodelsberg
Schlechtenberg
Dreieck Allgäu
Ochsenhof
Buchwald
Linggenberg
Rothen
Hasenmahd
Görisried
Haßberg
Betzenried
Stein
Wieseris
Götzen
Kaisersmad
Beilstein
Hauptmannsgreut
Hochgreut
Möstenberg
Leiterberg
Jaunen
Berleberg
Raiggers
Oberthingau
Schweinlang
Reinhardsried
Büchel
Kipfenberg
Lippenhalde
Westerried
Haarberg
Eufnach
Sellthüren
Frohnschwenden
Meggenried
Obereiberg
Ellenberg
Schnaitweg
Steig
Fleschützen
Börwang
Hinterkindberg
Ottisried
Vocken
Grund
Staudach
Leubas
Bockarten
Hochstraß
Leupolz
Lenzfried
Sankt Mang
Linggen
Fahls
Miesenbach
Residenz
Cambodunum
Sankt Lorenz
Burghalde
Thingers
Steufzgen
Rothkreuz
Mariaberg
Ermengerst
Heiligkreuz
Stockach
Gösers
Albris
Wirlings
Hegge
Oberkottern
Weidach
Leutenhofen
Niederhofen
Oberhofen
Bergen
Ursulasried
Neuhausen
Hinterbach
Ajen
Hirschdorf
Heising
Moos
Rappenscheuchen
Krugzell
Depsried
Hinwang
Atzenberg
Illerparadies
Überbach
Kempten-Leubas
Kempten
Betzigau
Oy-Mittelberg
E532
Sonthofen

123

A
B
C
114
Albrechts
Lippenhalde
Kipfenberg
Büchel
Westerried
Reinhardsried
Kraftisried
911
25
Unterthingau
Schweinlang
Raiggers
Berleberg
Oberthingau
Jaunen
Hochgreut
Beilstein
818
2
Görisried
(803)
Hasenmahd
Wald
Ochsenhof
Gstör
Oberschwarzenberg
Unterschwarzenberg
Buchwald
Wildberg
938
3
Multen
16
Oy-Mittelberg
Bachtel
(880)
Schönewald
Stich
Guggemoos
Maria-Rain
Rainen
Oy-
(937)
Haslach
Gschwend
Feriendorf Reichenbach
Reichenbach
Grüntensee
4
Hinterreute
Buronhütte
Haslachalm
Vorderreute
Alpspitz
1575
1629
Edelsberg
1450
Gießenschwand
Jungholz
(1054)
Höfen
Langenschwand
Pfeiffermühle
Sorgschrofen
1635
Zinken
Rehbach
Kälberhof-A.
Schönkahler
1687
Vilsfall
Pfrontner Alpe
Oberjoch-Pass
Kappl
Halde
Untergschwend
Tannheimer Tal
Hattwald
Katzensteig
Zöblen
Kienzen
Stuibenalpe
Tannheim
(1097)
Schmieden
6
Ponten
2044
Äpele
Obere Roßalpe
Elbsee
Immenhofen
Heuwang
809
Haugen
(821)
Muckenberg
786
Engratsried
12
472
Geisenried
Ennenhofen
Hattenhofen
Thalhofen
Weibletshofen
Geisenhofen
766
Heilig Kreuz und Sankt Martin
Kreen
789
Hausen
Bertoldshofen
Sankt Michael
Selbensberg
Markt-Oberdorf
(758)
Burk
Riedhof
Kohlhunden
768
Heiland
16
Leuterschach
Ettwiesen
Fechsen
Schwenden
Ronried
Rieder
Osterried
Weißen
Stötten am Auerberg
Geltach
Eichelschwang
Hummeratsried
Burgleiten
Birngschwend
Kippach
Balteratsried
Sulzschneid
Ried
Wald
Heggen
760
Holzmanns
Heringshofen
Wetzlers
Außerlengenwang
Sigratsbold
Barnstein
Albisried
Ried
Lengenwang
(806)
Vordersteig
Häusern
Kippach
Kaufmanns
Stadels
Kaltenbrunn
Klosterhof
Lüttenried
Bichel
Frödenberg
Engelbolz
Lobach
Geigers
Eiterberg
Enisried
Kirchthal
Lobacherviehweide
Buchach
(831)
Freß
Holzleuten
Wertach
Treffisried
Aleuthen
Albatsried
Hitzleried
Lobach
Zwerenberg
Trollen
Trollweiher
Burk
Vordersulzberg
Rückholz
Batzengschwenden
Seeweiler
Seeg
Ried
Riedegg
Sulzberg
Rieder
Holz
Guggemoosen
Sankt Ulrich
Seeg
(854)
Schwaltenweiher
Schnarren
Hollen
Nesselwang
137
7
138
Hack
Dederles
Anwanden
Hinterzwieselberg
Schneidbach
Lachen
Attlesee
Unterreuten
Enzenstetten
Roßfallen
1047
Langegg
Nesselwang
Thal
(867)
Rindegg
Schweinegg
309
Schwarzenbach
R. Hohenfreyberg
R. Eisenberg
Lieben
Oberdill
22
Heimen
Hopferau
Hopferwald
Enzensberg
Wank
Schicken
Hertingen
Nesselburg
Schweinegg
Eisenberg
Osterreuten
Speiden
Lehern
Vilser
Hopfensee
9
Maria-Trost
Kappel
Rehbichel
Zell
Unterdolden
Fischerbichl
Sportheim Böck
Weißbach
Holz
Unterreuten
Hopferried
Wiedemen
Hafenegg
Eschach
Kreuzegg
Unterdeusch
Gunzenberg
Pfronten
10
Deutsche Alpenstraße
Röfleuten
Ried
Berg
310
Thal
Meilingen
Wiedmar
Schwarzenbach
Vilstalsäge
Heitlern
Ösch
Benken
1268
Roßmoos
Moos
Dorf
Oberkirch
Weißensee
Weißensee
Falkenstein
1536
Kienberg
Fallmühle
Vils
Steinach
309
Alatsee
Hohes Schloss
Bad Faulenbach
Steinacher Achen
Breitenberg
Vilsegg
Angerwies
Ziegelhütte
1838
Ostlerhütte
Hochalphütte
Zum hlg. Ulrich
Vils
(828)
Ulrichsbrücke
Unterpinswang
Aggenstein
Kotbachfall
1987
Bad Kissinger Hütte
Brentenjoch
2001
Vilser Alpe
Vilser Kegel
1831
179
Musau
Einsteinhütte
1867
Einstein
Tannheimer
Sefenspitze
950
Große Schlicke
2060
Höllmühle
Roßschläg-Pass
Enge
Österreich
Lumberg
O.-Mayr-Hütte
Berge
Musauer Alpe
Gehrenspitze
Berg
Innergschwend
W.-Merkl.-Ged.-H.
Gimpel
2176
Köllenspitze
2240
2164
Gran
(1134)
Zum hlg. Wendelin
Haller
Tannhmr.-H.
Lechaschau
Gehrenalpe
Niederwängle
Gimpelhaus
Haldensee
199
Nesselwängle
(1147)
Hahnenkamm
Winkl
Holz
Wängle
Neunerkopf
1864
1881
Vogelhörnle
2002
1940
Platten
Höfener Alpe
Usseralpe
Edenbach
120

115
121
Peiting
Schongauer Lechsee
Burggen
Rettenbach am Auerberg
Bernbeuren
Steingaden
Lechbruck
Rottenbuch
Wildsteig
Prem
Premer Lechsee
Lechstausee Urspring
Halblech
Schwangau
Forggensee
Hoher Trauchberg
Naturschutzgebiet
Ammergauer Alpen
Ammer-Sattel
Deutsche Alpenstraße
Romantische Straße
Wallfahrtskirche "Die Wies"
Wallfahrts-K. Mariae Heims.
Kloster-K. Sankt Joh.
Schloss Neuschwanstein
Schloss Hohenschwangau
Schloss Linderhof
Tegelberg
Tegelberghaus
Säuling
Säulinghaus
Hochplatte
Klammspitz
Kreuzspitz
Geierköpfe
Hotel Ammerwald (1082)
Plansee
Breitenwang
Reutte
Pflach
Alpsee
Bannwaldsee
Buchberg
Gögeleck
Hohe Bleick
Hochwildfeuerberg
Wolfskopf
Schwarzenkopf
Hennenkopf
Schönleitenschrofen
Branderschrofen
Zwieselberg
Kuchelbergspitz
Friederspitz
Schellschlicht
Trauchgau
Dornau
Hausen
Sankt Koloman
Kenzenhaus
Bäckenalm
Firstberg
Ahorn
Bleckenau
Drehalpe
Schlagstein
Kreuzkopf
Sauereggg
Dürrenbergalpe
Holzschlagalm
Zwerchenbergalpe
Altenberghütte
Soldatenköpfe
Hochschober
Griesen
Lähnbachhütte
Reiselsberghütte
Wasserscheidhütte
Brunnenkopfhaus
2km

IMMENSTADT
im Allgäu
Immenstädter Horn
Oberstaufen
118
18
Kalzhofen
Salmas
Wiedemannsdorf
Ratholz
Gschwend
Knechtenhofen
Konstanzer Ach
Thalkirchdorf
Konstanzer
Osterdorf (736)
Deutsche Alpenstraße
Weißach
Malas
Höfen
Steinebach
Krebs
Aach
Hagspiel
Schindelberg
Steibis (861)
Hündlekopf
Buchenegg
Kemptener Skihütte
Unterklammalpe
Leutenschwandalpe
Himmeleck
Mittelbergalpe
Mittagberg
Almagmach
Denneberg
Untere Eckalpe
Gundalpe
Kemptner Naturfreundehaus
Alpe Reute
Gunzesried (889)
4 SONT
Stuiben
Gunzesrieder Säge
Allgäuer Berghof
Lanzenbach
Imbergkamm
Hochbühlalpe
Simatsgundalpe
Hochgrat
Rindalphorn
Buralpkopf
Aualpe
Aubach
Staufnerhaus
Ansbacher Hütte
Hochwies
Hörmoos-Alpe
Hubertus-Haus
Falkenhütte
Hochhäderich
Scheidewangalpe (1316)
Hirschgundalpe
Siplingerkopf
Hölkitzeralpe
Sigiswanger Horn
Kahlrückenalpe
Rangiswanger Horn
Neugut
Höfle
Reute
Helmisau
Balderschwang
Bleicherhorn
Gschwend
Schlipfhalden
Wäldle
Schwabenhof
Haus Schwaben
Weiherkopf
Hörnerhaus
Dornbündt
Hittisau
Hittisberg
Sipperseggalpe
Gerisgschwend
Lappach
Au
Riedberger Horn
Mittelalpe
Grasgehrenalpe
Wannenkopf
Bolgen
Wannenkopfhütte
Schelpbach
Eugsteralpe
Bolgenach
Waldrast
Sausteig
Hochschelpen
Oberhörnlealpe
Renkertobel
Schönberger Ach
Roßschwende
Unterberg-vorsäß
Sibratsgfäll
Feuerstätterkopf
Hörnlein
Grümpelalpe
Besler
Rehenberg-vorsäß
Tieftobel
Rindberg
Piesenkopf
Riesenkopf
Rote Wand
Rohrmoos
Ferlewang
Hochstatt
Stadelmanns-Krähenbergalpe
Rubach
Subersach
Auenalpe
Hirschgund
Schrine
Starzlach
Kackenköpfe
Breitachklamm
Walserschanz
Hirschgundertal
Plessigkopf
Hörnlepasshütte
Schreibere-Stl.
Hinteregg
Löffelau
Schönenbach-Vorsäß
Ifenwiesalpe
Roßkopf
Untere Gottesackerwände
Obere Gottesackerwände
Torkopf
Klausenwald
Weiler
Schwende
Mahdtalhaus
Hirschberg
Sevischrofen
Gottesacker-Plateau
201
19
Westegg
Riezlern
Fellhorn
Hälekopf
Hoher Ifen
Ifenhütte
Kuren
Schwarzwasser
Diedamskopf
Auenhütte
Melköde
Hirschegg (1124)
Kanzelwand
Mittagsfluh
Diedamsalpe
Schwarzwasserhütte
Walmendinger Horn
Höfle
Hammerspitze
Schrecken
Bundt
Neuhornbach-Skihütte
Grünhorn
Kleines Walsertal
Mittelberg
Rehmen
Au
Halden
Hornbergalpe
Starzelalpe
Bühlalpe
Bödmen
Wieden
Schoppernau
Dorf
Baad (1244)
Breitach
Innerbödmen
Hinterwildenalpe
Boden
200
Üntschele
Üntschenspitze
Käsestraße
Elfer
Hochalpe
Schalzbach-Vorsäß
Üntschenpass
Widderstein
Geißhorn
Mindelheimer Hütte
Untere
Toblermann
Hopfreben
Bad Hopfreben
Gemstelpass
Schrofenpass
Töbelealpe
Bregenzerach
Hochalppass
Hochkünzelspitze
23
Hochtannbergpass
Hochkrumbach
Krumbach
Gehren
Holzgauer Haus
Lechleiten
Landsteg
Schröcken
Kalbelesee
Unterboden
Tannbergbrücke
Neßlegg
Wolfegg
Biberacher Hütte
Heimboden (1269)
Tannberg
Krumbacher Alpe
Warth (1494)
Karhorn
Hochberg
Körbersee
Burgen
Metzgertobelalpe
Auenfeldalpe
Bürstegg
Teschenberg
Zunternigalpe
Bad Rotenbrunnen
Rappenspitze
198
Lech

119

D
E
F
Altach
Grünten
Kammereggalm
Grüntenalm
Gigglstein
1496
1738
Grüntenhaus
(1535)
Wagneritz
Agathazell
Häuser
Burgberg
im Allgäu
Ortwang
Winkel
Auf dem Ried
Starzlachberg
1583
Untergschwend
1695
Wertacher Hörnle
Pfeiffermühle
Zinken
1635
Unterjoch
Rehbach
Kälberhof-A.
Schönkahler
1687
Krummenbach
1178
Moorbad
Oberjoch-Pass
Vilsfall
Pfrontner Alpe
Tannheimer
Kappl
Halde
Untergschwend
Katzensteig
Zöblen
Vils
Tiefenbacher Eck
1649
Spieser
Haus Ingeburg
1525
Bad
Hindelang
BERGHOFEN
Ruine Fluhenstein
Walten
TIEFENBACH
BINSWANGEN
308
IMBERG
Reckenberg
Vorderhindelang
Oberjoch
(1136)
Schattwald
Kühgundkopf
1876
1906
Luitp.-Bad
Bad Oberdorf
Margarethen
Beilenberg
ALTSTÄDTEN
Sonthofner Hof
Hochweiler
HINANG
Unterthalhofen
Oberthalhofen
Schöllang
(854)
Burgegg
Iseler
Hornalpe
Imberger Horn
1656
Bruck
Hinterstein
Stuibenalpe
Tannheim
(1097)
Ponten
2044
Willersalpe
Älpele
Obere Roßalpe
Gaishorn
2246
Vilsalpsee
Vilsalpe
Ostrach
Altstädtner Hof
Mitterhaus
1893
Breitenberg
Alpealpe
Hinterbachhof
Sonnenkopf
1713
2033
Rotspitz
Wiesloher Hütte
Bei den Ställen
(1128)
2280
2025
Pfannenhölzer
Großer Daumen
Engeratsgundsee
Vorderer Erzberghof
Hinterer Erzberghof
Alpelekopf
2023
Schrecksee
2185
Kastenkopf
Landsberger Hü
Reichenbach
Iller
Rubi
Gaisalpe
Entschenkopf
2043
Gaisalpsee
Schwarzenberghütte
1957
Rubihorn
Nebelhorn
2224
Langenfeldhütte
Engeratsgundhof
Giebelhaus
2097
Sattelkopf
Schwarz
Jauchen
Reute
Oberstdorf
(815)
Wengenalpe
Probsthaus
Giebel
1949
Vorderseealpe
Schattenberg-Sch.
1845
2084
Großer Seekopf
Seealpsee
Pointhütte
Untere Lichtalpe
Pfarrkirche
Sankt Loretta
Schattenberg
2100
Moorbad
Gruben
Oytalhaus
Schochen
2177
Prinz-Luitpoldhaus
Kluppenkarkopf
2355
Stallkars
Oybach
Oytal
Naturschutz-
gebiet
Freibergsee
Dietersberg
2593
Hochvogel
2381
Heini-Klopfer Schanze
Schwand
Gottenried
Gerstruben
Dietersbachtal
2258
Höfats
Großer Wilder
Schwabegghütte
Bärenbadalpe
Stützbach
Jochbachalphütten
Krummenstein
Hinterhornbach
1791
Himmelschrofen
Höllentobel
Kegelkopf
1961
Bretterhof
Welschewaldhütte
Spielmannsau
Trettach
Rauheck
2385
Drähütten
Kaufbeurer Haus
(2007)
Urbeleskarspitze
2632
Hinterer
1954
Wildgundkopf
2376
Kreuzeck
Petersberghütten
Schreierkopf
Schönegger-hütte
2200
Noppenspitze
2596
Birgsau
Stillachtal
Fürschießer
2271
Ilfenspitzen
2552
Söllerkopf
2390
Häselgehr
Unterhäselgehr
Allgäuer Alpen
Einödsbach
(1114)
Kemptner Haus
Krottenkopf
2657
Barthhütte
(2131)
Kratzer
2428
Großmähder
Elbigenalp
Köglen
Schönau
Grießau
Sankt Sebastian
Waltenberger Haus
Mädelegabel
2645
2609
Bockkarkopf
Vordere Schochenalpe
Hintere Schochenalpe
Rothornspitze
2392
Bernhardsbach
Bernhardseck
Untergiblen
Zum hlg. Nikolaus
Hohes Licht
2651
2171
Rotnase
Schochenalpe
Wartegg
Windegg
Wiesen
Untergrünau
Obergrünau
Wannenspitze
2362
Obere Hochalpe
2553
Ellbogner Spitze
Mutte
Schiggen
Seesumpf
Obergiblen
Griesbachalpe
(1485)
ÖSTERREICH
Holzgau
(1075)
Winkl
Schönau
Sulzlbach
Stockach
Bach
(1066)
Wasen
Ruitelspitze
2580
2595
Madautal
Brünst
Zwölferspitze
Oberellenbogen
Hinterellenbogen
Hägerau
Dürnau
Lechtalhütte
Hinterer
2204
2324
Lech
Alperschonbach
2km
Großstein
2632
Prenten
Steeg
Dickenau
Kienberg
Griestaler Spitze
Madau
(1310)
Bergheim

In diesem Register sind alle in diesem Führer erwähnten Orte und Ausflugsziele verzeichnet. Halbfette Seitenzahlen verweisen auf den Haupteintrag, kursive auf ein Foto.

Schreiben Sie uns!

Liebe Leserin, lieber Leser,

wir setzen alles daran, Ihnen möglichst aktuelle Informationen mit auf die Reise zu geben. Dennoch schleichen sich manchmal Fehler ein – trotz gründlicher Recherche unserer Autoren/innen. Sie haben sicherlich Verständnis, dass der Verlag dafür keine Haftung übernehmen kann. Wir freuen uns aber, wenn Sie uns schreiben.

Senden Sie Ihre Post an die Marco Polo Redaktion,
Mairs Geographischer Verlag, Postfach 31 51, 73751 Ostfildern,
marcopolo@mairs.de

Impressum

Titelbild: Almabtrieb in Bad Hindelang (Huber: Schmid)
Fotos: R. Freyer (1, 15, 18, 78, 82, 84); HB Verlag: Heimbach (U. l., U. M., U. r., 2 o., 5 l., 5 r., 6, 7, 9, 16, 22, 25, 26, 27, 30, 34, 38, 44, 49, 55, 57, 61, 64, 65, 66, 68, 69, 71, 73, 79, 88, 91, 94, 96, 101, 102); Huber: Schmid (40, 87, 93, 107), Radelt (60); Lade: Radelt (47); Mauritius: Albinger (2 u.), Rathmann (20); H. P. Merten (4, 77); Schapowalow: Kirsch (12); T. Stankiewicz (11, 42, 50, 53, 98); Steffens: Van Limbergen (80); Trummer (24)

Herausgeber: Ferdinand Ranft, Chefredakteurin: Marion Zorn
Redaktion: Korinna Oehring, Bildredaktion: Gabriele Forst (Leitung), Katrin Schäflein
Kartografie Reiseatlas: © Mairs Geographischer Verlag/Falk Verlag, Ostfildern
Gestaltung: red.sign, Stuttgart

Printed in Germany. Gedruckt auf 100% chlorfrei gebleichtem Papier

Bloß nicht!

Tipps, die Sie vor ärgerlichen Erfahrungen bewahren

Unvorsichtig wandern und Trampelpfade benutzen

Entschließen Sie sich nicht erst unterwegs spontan zu Hochgebirgstouren. Versuchen Sie nicht abzukürzen oder wild abzusteigen. Die Bergwacht weiß ein Lied davon und auch von unüberlegten Kletterversuchen zu singen. Bei Verspätungen Nachricht geben, sobald dies möglich ist. Suchen Sie sich auch bei Begegnungen an Engstellen keinen eigenen Pfad. Benutzen Sie keine Trampelpfade, sondern halten Sie sich an den markierten Hauptweg!

Grußlos vorbeigehen

Auch beim Wandern gilt der gute Ton. Wenn Sie nicht gerade auf einem bevölkerten Promenadenweg sind, wäre es schön, bei Begegnungen nicht wortlos vorbeizuschleichen. Der landesübliche Gruß, den hier selbst Atheisten verwenden, lautet »Grüß Gott!«.

Müll liegen lassen

Tragen Sie Verpackungen Ihrer Brotzeit im Rucksack wieder hinunter, und belästigen Sie nicht den Hüttenwirt oder den Senn mit Ihrem Müll. Lassen Sie erst recht nichts in der Landschaft liegen.

Sportliche Regeln missachten

Schäbig ist es, als Individualtourist zur selben Zeit in geringem Abstand dieselbe Tour wie eine geführte Gruppe zu machen und darauf zu vertrauen, dass der Bergführer in Notfällen schon helfen wird. Als Wintersportler sollten Sie sich unbedingt an Absperrungen halten; sie dienen Ihrer eigenen Sicherheit. Das ausgedehnte Loipennetz im Allgäu zu unterhalten, ist sehr aufwändig; betreten Sie daher Loipen nur mit Langlaufski. Es gibt genügend geräumte Winterwanderwege.

Jodeln

Nehmen Sie Rücksicht auf das Stillebedürfnis Ihrer Mitmenschen, und überlassen Sie das Jodeln den Trachtenvereinen. Wer lautstark Tischgespräche führt und dabei Qualitätsurteile über Land und Leute abgibt, outet sich schnell als Ekeltourist. Die Allgäuer sind zwar ein herzlicher und kerniger Menschenschlag, reagieren aber sehr empfindlich auf lärmende nichtschwäbische Zeitgenossen.

Immer Auto fahren

Lassen Sie es möglichst stehen, sofern Sie nicht auf einem Einödhof wohnen oder eine große Tour vorhaben. Die Kerne alter Städte und Kurorte, aber auch mancher Dörfer sind verkehrsberuhigt oder reine Fußgängerzonen. Vertrauen Sie beim Parken nicht auf Großzügigkeit der Kontrolleure!